実践家のための
ナラティブ／社会構成主義キャリア・カウンセリング

クライエントとともに〈望ましい状況〉を構築する技法

編著◉渡部昌平
著◉高橋　浩
　　廣川　進
　　松本桂樹
　　大原良夫
　　新目真紀

福村出版

[JCOPY]〈出版者著作権管理機構 委託出版物〉

本書の無断複写は著作権法上での例外を除き禁じられています。複写される場合は、そのつど事前に、出版者著作権管理機構（電話 03-3513-6969、FAX 03-3513-6979、e-mail: info@jcopy.or.jp）の許諾を得てください。

はじめに

　なぜキャリア・カウンセリングにナラティブ・アプローチを導入することをオススメするか。答えは簡単です。

(1) 因果論を追い求めず未来志向で質問をしていくため、相談が早期に終結しやすい
(2) 同様の理由で、クライエントのネガティブな気持ちにカウンセラーが引きずられにくい
(3) カウンセリングのプロセスの中で、クライエント自らが自分の資源を見つけることができるようになる

など、いいことずくめだからです。
　皆さんに「これまでの技法を捨てて、ナラティブ・アプローチに乗り換えろ」というわけではありません。皆さんのカウンセリング・テクニック、傾聴のセンス、自己一致の態度・姿勢はこれまで同様、「良いカウンセリング」に欠かせないものでしょう。皆さんが鍛え上げられてきた「これまでの技法」はそのままに、ナラティブ・アプローチの考え方をメタ認知論的にお持ちいただくだけで、皆さんのカウンセリングがより効率的・効果的に進行すると信じています。

　ナラティブ・アプローチは、大きく社会構成主義の影響を受けています。社会構成主義の考え方に従えば、人はその所属する社会や環境の影響を受けつつ、自分なりに自らや環境に独自の意味づけをして、その意味の中で人生を過ごしていくことになります。社会構成主義の実践では、そうした自分と異なる「相手の背景や独自の意味づけ」を重視して、相手の将来のQuality of Life

を向上できるように支援していきます。臨床心理学分野では多くの場合、問題となっている「現在の症状（の未来に向けた消失）」に焦点を当てることになりますし、キャリア・カウンセリング分野では「（本人にとって）望ましい未来の状況とは」に焦点を当てることになります。

　一方、当然ですが、支援する側も所属する社会や環境の影響を受け、自分なりに自らや環境に独自の意味づけをして、その意味の中で人生を過ごしてきています。人が異なれば言葉の使い方も意味づけも異なり、人間どうしが理解できない1つの壁のように働きます。

　また、支援する側と支援される側の相互交渉は、その組み合わせにより変化していくことでしょう。すなわち、クライエントがどういう価値観を持っているかがキャリア・カウンセリングに一番重要ですが、カウンセラーがどういう価値観を持っているかによって、カウンセリングの結果が異なってくることもあり得るということです。大企業が良いと考えている支援者は積極的に大企業を勧めるかもしれませんし、大企業は良くないと考える支援者は大企業を積極的に勧めたりはしないでしょう。クライエント本人がすべて決めたほうが良いと考えるカウンセラーと、幅広い人の意見を聞くべきだというカウンセラーとでは、カウンセリングの結果も違ってくるかもしれません。

　本書では「実践家が自らの実践の意味を理解し、ナラティブ／社会構成主義のアイデアを用いて効率化できること」を目指し、理論的・哲学的な部分よりも「個々のカウンセラーはどういう背景・価値観を持っているのか」「どう社会構成主義を取り入れているのか」「クライエントに対し何を考え、どう工夫しているのか」「どんな効果や課題があるのか」という面を中心に、章ごとに各章の執筆者の得意分野に分けて、具体的・実践的に事例や実践について書いていただくことにしました。章の最初にご自身の背景や社会構成主義との関わりについて書いていただき、章の最後には自らの実践を整理して効果や課題などの感想・コメントを書いていただきました。社会構成主義に関する理論・定説・一般論というより、個人的な受け取り方（感想やコメント）を意

識して書いていただくようにしました。

　人は自分が納得したものしか取り入れられないという面があるように思います。本書を読んで、「これはやってみたいな」と自分の中に入ってきやすい事例や実践もあれば、「これはやりたくないな」「やらなくてもいいな」という事例や実践もあるかもしれません。また実際に仲間とのロールプレイやクライエントとの相談の中で気づくこともあるかもしれません。

　本書は「実践家個人の、個人的な実践」をナラティブ的に自ら分析しながらオープンにすることによって、読者であるキャリア・カウンセラー、キャリアコンサルタント、相談担当者の皆さん一人ひとりに「あなたはどういう価値観を持っていて、どういう理由でどういう技法や質問をしているのか」「その場合、どうすればもっと実践が効果的・効率的に進むか」を問い直していただくためのものと思っています。それにより皆さんが社会構成主義的に自らの実践を分析、効率化できるようになるのではないかと考えています。

　既刊の『社会構成主義キャリア・カウンセリングの理論と実践』『はじめてのナラティブ／社会構成主義キャリア・カウンセリング』なども参考に、皆様がより効果的・効率的なキャリア・カウンセリングの実践に取り組まれることを祈念しております。

2017年2月10日
秋田県立大学　総合科学教育研究センター
渡部 昌平

目　次

はじめに　3

第1章　企業内における
ナラティブ／社会構成主義キャリア・カウンセリング　9

1. 企業内にナラティブ／社会構成主義キャリア・カウンセリングを導入する利点と課題　9
2. 私のナラティブ／社会構成主義理解　15
3. ナラティブ／社会構成主義キャリア・カウンセリングの導入事例　28
4. 私の背景とナラティブ／社会構成主義とのかかわり　48

第2章　離転職者に対する
ナラティブ／社会構成主義キャリア・カウンセリング　53

1. はじめに　53
2. 私のナラティブ理解　59
3. 実際の離転職者支援におけるナラティブ／社会構成主義アプローチ　60
4. おわりに　80

第3章　メンタルヘルス・EAPにおける
ナラティブ／社会構成主義アプローチ　85

1. はじめに　85
2. EAPにおけるナラティブ／社会構成主義アプローチ　93
3. おわりに　105

第4章　生徒・学生に対する
　　　　ナラティブ／社会構成主義キャリア・カウンセリング　*111*

1. はじめに（生徒・学生支援でナラティブ／社会構成主義キャリア・カウンセリング技法を導入する利点と課題）　*111*
2. 私のナラティブ／社会構成主義理解　*115*
3. 生徒・学生支援におけるナラティブ／社会構成主義　*129*
4. おわりに（私の背景、社会構成主義との関わり）　*159*

第5章　ナラティブ／社会構成主義キャリア・カウンセリングを教える　*164*

1. はじめに　*164*
2. 私のナラティブ／社会構成主義キャリア・カウンセリングの理解　*168*

第6章　キャリアコンサルタント向け学習コミュニティにおける
　　　　ナラティブ／社会構成主義キャリア・カウンセリング　*192*

1. はじめに（キャリアコンサルタント向けの学習コミュニティにおいてナラティブ／社会構成主義キャリア・カウンセリング技法を導入する利点と課題）　*192*
2. 私のナラティブ／社会構成主義理解　*201*
3. 実践事例　*205*
4. おわりに　*225*

コラム

ジョブ・カードのこんな使い方　*155*
市販のアセスメントの有効活用　*157*
ナラティブ・セラピーの技法からの示唆　*157*
深く意味を問う　*158*

キャリア・カウンセリングの新潮流
「ナラティブ・キャリアカウンセリング・アプローチ」　*189*

編著者・著者略歴　*229*

第1章
企業内における
ナラティブ／社会構成主義キャリア・カウンセリング

高橋 浩

1. 企業内にナラティブ／社会構成主義キャリア・カウンセリングを導入する利点と課題

　企業内にナラティブ／社会構成主義キャリア・カウンセリングを導入する利点と課題について、筆者の経験から表1-1にまとめてみた。以下、各事項について説明していきたい。

(1)「働く意味」の把握が比較的容易

　かつては1つの企業で生涯勤め上げることがよしとされてきたが、現在では、生涯に何度か転職することが珍しくない。また、職位上昇をキャリアの目的としていない人も多くなってきている。企業側もキャリア形成を社員の自律性にゆだねる傾向になってきている。つまり、キャリア形成は自己裁量で決めていかなくてはならない。

　では、人は何を目指して働くのだろうか。これに答えるには、各自が「働く意味」を自覚しなくてはならない。日本は、西洋のような仕事に人をはりつけ

表1-1　企業内におけるナラティブ／社会構成主義の利点と課題

利点	・「働く意味」の把握が比較的容易 ・困難を引き受けることが可能になる ・個人と組織の調和が図れる
課題	・自己中心性を助長させない ・科学的思考からの脱構築 ・行動化を促進する ・カウンセラーのディスコースに留意する

るジョブ型労働社会ではなく、人に仕事をはりつけるメンバーシップ型労働社会である。メンバーシップ型労働社会では、社員は、希望どおりの仕事や職場、上司を選ぶことは難しく、所与の仕事の中から自分自身で「働く意味」を見いださなくてはならない。「働く意味」を見いだすことが現代日本人にとって不可欠になってきたといえる。

　ナラティブは「語り」と訳されるのだが、ナラティブ／社会構成主義以前のキャリア・カウンセリングであっても、クライエントにキャリアを語ってもらうことは行われてきた。このことは、キャリア・カウンセリングの文脈では「キャリアの棚卸し」と表現されることが多い。キャリアの棚卸しによって、クライエントの業務実績や保有能力など、外的キャリア（キャリアの客観的な事実の側面）が明確になる。このことは、クライエントと職業のマッチングを実現する上では有効であろう。しかし、それだけでは「何のために働くのか」という問いへの答えを得ることはできず、充実したキャリアを構築することは難しい。

　これに対して、ナラティブ／社会構成主義におけるキャリアの語りでは、外的キャリアよりも内的キャリア（キャリアの主観的な認知や意味の側面）を明確にすることを重視する。クライエントがキャリアを語る過程で、どのような出来事を取り上げているか、それらをどのようにつなげてストーリーを筋立てているか、そしてそのストーリーが意味するところは何であるのかをカウンセラーおよびクライエントは読み取っていく。これにより、キャリアの棚卸しでは難しかった「働く意味」の把握が容易になるのである。

(2)困難を引き受けることが可能になる

　「働く意味」を見いだすことは、個人のキャリアにどのような変化をもたらすのだろうか。まず、キャリアに対する肯定感の増加が考えられる。キャリアに意味があれば、人はそれに「OK！」を出せるからである。次に、「働く意味」を自覚すると、その意味を実現するように人はキャリアを歩んでいこうとする。人は、自分らしいストーリーを語ると、そのストーリーに沿って行動

するようになるからである。

　もし、今後、仕事上の大きなミスや転機などの困難に遭遇しても、「働く意味」を自覚していれば、その困難を「意味のある困難」として捉え直すことが可能になる。なぜなら、意味があるということは、その困難を克服することによって、自分が成長し、より自分らしいキャリアを構築できると期待することができるからである。「働く意味」に沿って働くことは、仕事上の困難を引き受けて生きていく態度を作ることにもつながるのである。

(3) 個人と組織の調和が図れる

　個人と組織をいかに調和させるかは、企業において重要なテーマの1つである。特に、新人や若手社員の場合には、いかに組織に適応できるかが課題となっている。若手社員は、自分のやりたいことを重視する「やりたいこと志向」があるので、自分の希望を優先しがちになる。一方、組織は若手社員に対して組織の風土、規範、方針に従ってほしいと願う。ここに双方の相違が生じることになる。このとき、若手社員がやりたいことを押し通すと、自己中心的な状態に陥る（表1-2右下）。あるいは、興味・関心のない仕事が押し付けられたり、困難な仕事でくじけたりすると孤独に陥り、短絡的に離職や転職をしてしまうこともある（表1-2左下）。

　筆者の研究によると、若手社員が一人前になれるかは、仕事上の困難に対して肯定的な意味づけができるかどうかにかかっている。肯定的な意味づけ

表1-2　個と組織との関係性（Hall（2004）を参考に筆者が加筆・修正）

組織との関係		職業的アイデンティティ	
		薄弱	強調
	親和	従属	調和
	離反	孤独	自己中心

とは、困難が、「自己成長につながる」「今後の仕事に役に立つ」「周囲からの承認につながる」というように考えられることである。ナラティブ／社会構成主義は、「働く意味」を見いだすことを容易にするので、若手社員に組織からの要請を受け止めさせ、その結果、若手社員のリテンションの保持につながると考えられる（表1-2右上）。

　一方、しばらく働いていくと、組織では自分の希望が叶えられないことに気づき、あきらめ始める社員が出てくる。仕事はお金や生活のためのものとして割り切るようになる。こうなると、最低限の仕事だけをしたり、仕事を嫌々引き受けたりするようになる。すなわち、社員は組織に従属することになる（表1-2左上）。中堅・ミドル社員はこのような状態に陥ってはいないだろうか。中年期になったときに、ふと「自分はこれでよいのか」という職業的アイデンティティに対する疑問が湧いてくる。これが中年期の危機である。職業的アイデンティティの確立を後回しにした場合や、職業的アイデンティティが現在の仕事環境に合わなくなった場合に生じる。この時こそ、「働く意味」を再吟味する時期だといえる。既述のとおり、ナラティブ／社会構成主義は、キャリアについての語りを通じて個人の「働く意味」を明確化するものである。これによって職業的アイデンティティを確立させ現実の仕事への意欲や取り組み方を変え、個人と組織の調和へと移行させることが可能になる（表1-2右上）。

　なお、職業的アイデンティティが確立できず、かつ、組織に適応できなかった場合、人は組織の中で居場所を失うことになる（表1-2左下）。

(4) 自己中心性を助長させない

　ナラティブ／社会構成主義を実践する場合には、課題もある。まず、クライエントの自己中心性を助長させないことである。カウンセリングでは個人の存在、意見、判断を批判せず尊重するのだが、これだけを推し進めれば、クライエントを甘やかして自己中心性を助長することになりかねない。企業にキャリア・カウンセリングを導入すると、寝た子を起こして転職してしまうの

ではないか、という懸念を持つ人がいる。自己中心性の助長という意味において、それは、あながち間違いではないだろう。

しかし、本来、キャリア・カウンセリングは社会や組織で生き、働いていくために行われるものであるから、その結果は社会や組織への適応性を高めるものでなければならない。企業において、従業員が組織や職場に適応することは大前提であって、自己中心性を高めることは決してキャリア・カウンセリングのゴールではない。

特に、ナラティブ／社会構成主義についていえば、個人の語りを重視することの当面の目的は、個人の「働く意味」を見いだすことである。最初から、個人を否定し、社会や組織の要請を押し付けてしまっては、決して根源的な「働く意味」に到達しえない。つまり、個人の尊重や「働く意味」を見いだすことは、プロセスの一過程に過ぎず、この後に「働く意味」を内包させながら社会や組織で働いていくビジョンを語れるようになって、初めて有効なキャリア・カウンセリングであるといえる。

(5)科学的思考からの脱構築

脱構築とは、ある出来事や状況を構成しているもので、人または集団が当たり前と感じている前提（これをディスコースという）を取り崩すことである。私たちは、常識など当然としていることを前提として社会生活を営んでいる。しかし、当然のことについて疑問を持って探索し、違う側面に気づいたときに、思ってもいなかった新しい展望が開けて見える。このような状態にすることを脱構築という。

さて、ナラティブ／社会構成主義では、科学的な客観性よりも、むしろ個人的な主観性を大切にする。ところが、ビジネスにおいて科学的思考は当然のものとされ、論理性や合理性、客観的な事実に基づいて仕事をすることが重視される。直感や感情、主観的なものは是とされない。このようなことから、企業内では、きわめて科学的思考が強い人がいる。こういう人がクライエントである場合、直感や感情が十分に働かない語りがなされて、論理的帰結と

しての「働く意味」(業績や評価など)が見いだされてしまう。そこに、その人の根源的な部分とのつながりは感じられない。理工系やロジックに強い人ほどこのような結果に陥りやすく、科学的思考から脱構築することは難しい。

筆者の場合、こういったクライエントに対しては、極力具体的にエピソードを語ってもらい、各場面におけるそのときの感情や感覚に焦点を当てた質問をして、それらに意識を向けさせるように努力している。

しかし、それでも脱構築が難しい場合は、ナラティブ／社会構成主義なアプローチを捨て、むしろ論理性を生かした論理療法(REBT)などに切り替えている。つまり、クライエントに応じて時にはナラティブ／社会構成主義を手放す必要があると考える。

(6)行動化を促進する

ナラティブ／社会構成主義では、人は自分らしいストーリーを語るとそれに沿って行動すると考えるが、目前のクライエントが本当にストーリーどおりに行動する確証はない。その原因として、語られたストーリーから具体的な行動に細分化できなかったり、行動を阻害するような障害が職場にあったりすることが考えられる。

そこで、ナラティブ／社会構成主義を補足するために、「働く意味」や将来展望が語られた後に、行動計画を具体的かつ明確に決めることが重要である。さらに、面談後も行動計画どおりに実行できたかどうか、できなかった場合の障害は何か、次はどのように行動するかなど、PDCA(Plan→Do→Check→Action)サイクルに則ったフォローが必要である。

(7)カウンセラーのディスコースに留意する

特定の組織においてもディスコースは存在する。組織風土や規範などはその代表例である。組織に長年いるキャリア・カウンセラーは、その組織のディスコースに染まっている可能性が十分に考えられる。このことは、クライエントとカウンセラーが阿吽の呼吸で理解し合えるという利点も有するが、同

時に、両者がそのディスコースに気づかずに見過ごしてしまう部分でもある。

たとえば、クライエントの「うちの会社はぬるま湯だ」との発言に対して、同じ会社にいるカウンセラーも「そのとおりですね」と返したとする。はたして、カウンセラーが考える「ぬるま湯」と、クライエントのそれとは同じだろうか。必ずしも同じとはいえない。同じ組織に所属しているからこそ、キャリア・カウンセラーが自身のディスコースに気づかず、クライエントのディスコースを見過ごしてしまうことになる。結果として、クライエントがとらえる「ぬるま湯」の意味を見いだせないことになる。

したがって、キャリア・カウンセラーは自分が所属する組織のディスコースに気づいておく必要がある。そのためには、普段から、広く他の組織の人と会って社風の違いについて知り、自分の組織の特徴について語ってみることをお勧めする。

2. 私のナラティブ／社会構成主義理解

(1) ナラティブとキャリア

ナラティブ／社会構成主義アプローチとキャリアは、非常に相性のよい組み合わせだと思える。キャリアは、その人が働いてきた歴史的事実といえるのだが、それが表現されるときにはストーリーの形式を取らざるを得ない。その点で、まさにキャリアはナラティブそのものといえる。外的キャリアは履歴書や職務経歴書といった形で表すことができるが、残念ながらここには主観的側面である内的キャリアはほとんど含まれることがない。キャリアを誰かに語るとき、本人さえも自覚していない何らかのテーマに沿っていくつかの歴史的事実が取り上げられ、これらが筋立てられてキャリア・ストーリーとなる。筋立てられるとき、初めて内的キャリアが綴られて歴史的事実以上のことが表現されることになる。そして、クライエントは、自ら語ったキャリア・ストーリーを耳にして、初めてそのストーリーの根底に流れているテーマ、すなわち「働く意味」の存在に気づくことになる。

キャリアのすべてを語ることは難しい。仮に、20年のキャリアの全経験を語ろうとしたら、20年以上の歳月を要するであろう。限られた時間内で、自分のキャリアを語ろうとすると、人はそのときに自分が重要だと思う事柄だけを抽出してストーリーを作ることになるので、過去の事柄の取捨選択の仕方に「その人らしさ（価値観）」が現れるといえる。

　同時に、語りきれなかった部分に、そのクライエントが気づかなかった可能性を見ることもできる。何らかの制約（時間的制約やディスコース）があると語りきれない部分が残る。この語りきれなかった部分をなんとか語ることができたのなら、これまでと違う自分自身や自分の可能性を見いだすことができるはずである。自分のキャリアを語るとき、実は、語りきれない部分の方がはるかに大きい。だとすれば、語りきれなかった大多数のキャリアは、今後のキャリアを作るうえでのヒントの宝庫だといえる。

(2) 問題の発生原因とその解消方法

①問題の発生原因

　ナラティブ／社会構成主義において、個人の問題や悩みの発生原因は、ディスコースに支配された物語に沿って生きてしまうことによって、自分らしい物語（自己物語）に沿って生きられないでいるためと考える。では、なぜわれわれはディスコースに支配されてしまうのだろうか。

　社会構成主義は、社会は言語によってつくられるという思想を持つ。われわれが心に秘めた思いを言葉にして語る時（外在化）、その言葉のうちいくつかが周囲の人に取り込まれる（内在化）。周囲の人たちもまた、取り込んだものを言葉にして語っていく。これを繰り返していくと、ある言葉が客体化し、その社会で共有される価値観ができあがる（図1-1）。これがディスコースである。社会通念や常識などがこれにあたる。ディスコースは、さまざまな社会レベルやコミュニティごとに存在する。

　さて、われわれは、ディスコースを前提として多くの物事を捉え、そして行動しているのだが、ときに、このディスコースが個人を拘束してしまうこ

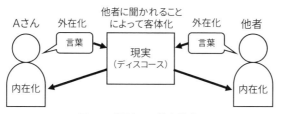

図1-1 「現実」の社会構成
(Berger & Luckmann(1967)を参考に筆者が作成)

とがある。これが個人の悩みや問題となって現れる。企業内で考えてみると、企業の風土や規範(ディスコース)に縛られてしまい、自分らしい働き方ができなくなる状態が悩みとなる。悩みを抱えている人は、ディスコースを当然のことと思い込んでいるために、それが自分の在り方を拘束していることに気づかない。ディスコースに支配された物語しか語れず、それ以外の働き方ができなくなっているのである。

しかし、筆者の経験によると、社員は、単に企業のディスコースに支配されて悩んでいるというよりも、ディスコースと自分らしさの間で葛藤して揺れ動いているように思える。前述の表1-2で表現すると、「自己中心を貫くか、組織に従属するか」で揺れ動いていたり、「調和」の中にあっても「職務に黙って専念し続けるか、反骨精神で新しいことを打ち出すか」で迷っていたり、「孤独」の中にいる場合には「孤立を耐え忍ぶのも、自分自身を見失うのもどちらも悩ましい」という揺れ動きが見られる(表1-3)。

また、企業においては、従業員の希望にかかわらずキャリア支援の制度として面談が実施される場合や、上司などから面談を進められて来談される場合がある。そのときは、悩みが染み込んだストーリーというよりも、多くの場合、「働く意味」が見いだせないストーリーが語られることになる。

②問題の解消方法

そこで、ナラティブ/社会構成主義では、問題を解消するためにディスコースに支配された物語から脱却することを試みる。すなわち、脱構築である。

表1-3　組織における社員の心の揺れ動き

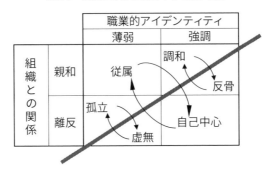

ディスコースに縛られない自分らしい働き方のストーリー、あるいは、これまで語ることがなかった新しいストーリーを語れるように支援するのである。

このように言うと、何か「正解のストーリー」があるように思われるかもしれない。しかし、そうではない。唯一の正解はあり得ないと考えるのがナラティブ／社会構成主義である。正解のストーリーを探すというよりも、「ベターなストーリー」を語ってもらえればよいのだと筆者は考える。つまり、従来と比べてより自分らしいストーリー、より新しいストーリー、より意味が感じられるストーリーを目指すのである。このように考えると、かなりナラティブ／社会構成主義のアプローチの敷居が下がるのではないだろうか。

そして、ベターなストーリーの文脈を読み取ると、そこに「働く意味」が見いだされる。ありふれた例ではあるが、次の2つの文「王様は死に、そして王妃も死んだ」と「王様は死に、そして悲しみのあまり王妃も死んだ」を比較してみてほしい。後者の方が、王妃が死んだ理由や王妃の王様への愛の深さなどを文脈から読み取ることができる。同様に、キャリア・ストーリーにおいても、その文脈から「働く意味」を見いだすことができるのである。

さらに、このようにして見いだされた「働く意味」を基軸として、未来のキャリア・ストーリーをカウンセラーとともに構築し直すのである。これを共構築という。共構築された物語は、ディスコースの支配から解放され、より自分らしい働き方が語られたストーリーに変化する。そのため、当初の問題は

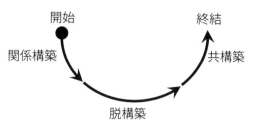

図1-2　ナラティブ／社会構成主義の面談プロセス

もはや問題とならなくなるのである。これが、ナラティブ／社会構成主義における問題解消の方法である。

　以上を踏まえて、企業におけるナラティブ／社会構成主義を実践するにあたり、筆者は上掲のような面談プロセスを想定している（図1-2）。実践で使いやすいように、あえてシンプルなプロセスにしている。各プロセスについて詳細を以下で説明していく。

(3) 関係構築

①クライエントとの協働関係

　関係構築では、通常のカウンセリングと同様に、ラポール形成、場面設定、主訴を聴き、面談のゴールの確認をして、ともにゴールに目指すための協働関係をつくる。企業内でナラティブ／社会構成主義のキャリア・カウンセリングを実施するうえで特に留意すべき点は、ラポール形成や協働関係の構築であると考える。企業内で「働く意味」という根源的な次元に触れるためには、相互の信頼が強く影響するからである。クライエントに敬意を払うことは当然ではあるが、堅苦しい雰囲気は避けたい。

　一般に、ナラティブ／社会構成主義では、カウンセラーとクライエントは対等の関係で面談に臨むこととされている。しかし、企業内で実施すると、クライエントとカウンセラーはともに社員であることが多く、年齢差や職位差などの上下関係が生じてしまう。過去に上司－部下の関係があったなど、企業内キャリア・カウンセリングでは二重関係が生じやすい。クライエントを

尊重しつつ、ともにベターなストーリーを作っていくことを目的とした協働関係であること、通常の業務での関係とは異なる関係であることをこの段階で説明し、クライエントの合意を得ることが重要である。

もし、何らかの二重関係があることで面談の実施に迷ったときは、面談を継続することのデメリットを検討するとよい。面談自体がうまくいくのか、面談結果によってその後の両者の関係はどうなるのか、面談による仕事への影響はどうかなどについて両者で話し合ってみるとよいだろう。その結果、問題が生じそうであれば、今回の面談は中止して別のカウンセラーへリファーすべきである。

②最終ゴールは個人と組織のWin-Win関係

さて、企業内キャリア・カウンセリングで、カウンセラーが目指すことは何だろうか。カウンセリングでは、目前のクライエントの利益を追求することが是とされている。しかし、企業内では単純ではない。クライエントの利益が組織の不利益になる場合があるからである。

では、どのように対処するのか。前段で、問題発生の原因は企業のディスコースに支配されることだと述べたが、企業のディスコースが決して悪者だというわけでない。一度、そのディスコースから脱却して（脱構築）、自己物語を語ったうえで、あらためて組織とのかかわり方を再検討していくこと（共構築）が重要なのである。したがって、面談の前半ではクライエントの利益を重視し、後半で個人と組織の利益を擦り合わせていく。ここが企業内キャリア・カウンセリングの成否の境目となる。このようにして個人と組織をWin-Winの関係に落とし込むことを、キャリア・カウンセラーは関係構築の段階で念頭に置いておく必要がある。

(4)脱構築

脱構築とは、ディスコース（社会で共有している価値観）からの脱却を図り、新たなストーリーを生み出せるような下地を作ることである。簡単に言えば、

表1-4 脱構築の手法や考え方の一覧

> ①ドミナント・ストーリーを豊かにする
> ② 外在化とユニークな結果（例外探し）
> ③無知の姿勢（知ったかぶりをしない）
> ④センサーになって感じたことを伝える
> ⑤ミクロの脱構築
> ⑥焦点を当てる箇所
> ⑦原体験に迫る（歴史・経緯をたどる）

面談初期に語られたストーリーの前提にある「当然のこと」や「思い込み」から抜け出すことである。脱構築は、ナラティブ／社会構成主義のキャリア・カウンセリングにおいて最も重要な部分であり、面談の第一の山場である。脱構築はどのように行っていくのか。筆者が普段用いている手法や考え方を列挙した（表1-4）。

①ドミナント・ストーリーを豊かにする

　脱構築の準備として、面談初期に語られる主訴の語り（ドミナント・ストーリー、問題が染み込んだストーリー）を豊かにすることが重要である。豊かとは、語る量だけでなく、詳細に、具体的に、客観的／主観的側面を含めて語ることである。ドミナント・ストーリーを豊かにするほど、オルタナティブ・ストーリー（問題から解放されたストーリー）がコントラストとして浮かび上がりやすくなる。一方、脱構築を急ぐあまりこれをおろそかにすると、次の脱構築がうまくいかなくなる。クライエントが自分の話を十分聞いてもらえなかったという感覚を抱くと、ドミナント・ストーリーに戻ろうとする力が働いてしまうからである。

②外在化とユニークな結果（例外探し）

　外在化とは、問題がクライエントの外部に存在するものとして捉えることである。問題に名前をつけたり、その問題がクライエントに与える影響を語

ってもらったりする。これにより、クライエントの自己卑下を回避し、カウンセラーと協働して問題に取り組む態勢を強化することができる。

ユニークな結果（例外探し）とは、問題に影響されなかった場面や問題に対抗できた場面について語ってもらう手法である。これにより、ドミナント・ストーリーからオルタナティブ・ストーリーへと脱構築しやすくなる。外在化とユニークな結果（例外探し）はセットで用いると効果的である。これらの手法は有名であり、詳細については第4章でも解説されているのでご参照いただきたい。

③無知の姿勢（知ったかぶりをしない）

これはGoolishianとAndersonが提唱しているカウンセラー側の姿勢であり、「既知の知識や理論をそのままクライエントに適用することに慎重であろうとする姿勢」である。クライエントが抱える問題やクライアントのキャリアについては、クライエントこそが専門家であり、カウンセラーは知識や理論（さらにはディスコースも）をいったん脇に置いてクライエントに教えてもらう立場となる。

カウンセラーは、クライエントや語られるストーリーに対して「自然な好奇心」を持つようにするとよいとされる。これはカウンセラーの個人的な知りたい欲求を満たすような「興味本位」とは異なる。「自然な好奇心」とは、クライエントの語りを聴いていく中で湧き起こってくるクライエントへの興味・関心であり、クライエントのストーリーをより豊かにするものでなければならない。

筆者は、「**知ったかぶりをしない**」という心構えでこれを行っている。クライエントについて何も知らないから、聞かないとわからない。クライエントからの回答を得てもわからないときは、カウンセラーが腑に落ちるまで質問をする。これを徹底し、クライエントを理解できたとき、初めて共感できた状態になれる。なお、無知の姿勢は脱構築のためだけでなく、ナラティブ／社会構成主義キャリア・カウンセリング全般に使える姿勢である。

④センサーになって感じたことを伝える

　自然な好奇心で聴くためには、カウンセラーは、ストーリーを聴いている際に自分自身に湧き起こる微妙な心の変化(些細な疑問、違和感、興味・関心、感情、身体感覚)に鋭敏になっていなければならない。あたかも、クライエントの内面を察知するセンサーのような感じである。ストーリーを聞きながら、センサーを働かせてクライエントの言葉に「あれ」「おや」という感覚を持ったことを自覚するようにする。

　感じ取れたら、そのことをクライエントに伝えるようにする。「今の話を聞いて、胸が苦しい感じがしました」「どうしてあなたがこんなことをされたのか不思議に思いました」「○○っておっしゃったところが気になったのですが」などである。これを受けとったクライエントは、さらに詳しく語ってくれることが多い。特に、カウンセラーが伝えた内容に対してクライエントが若干の違和感を持ったときに、これまで語っていなかったストーリーが語られることが多い。それゆえ、ズバリ言い当てるよりも、おおむね同じことを指しているがわずかにずれた表現をするくらいがよい。たとえば、Co「つらいという感じですか？」→Cl「というよりも息が詰まるという感じなんです」という具合に「**かする**」感じがよい。カウンセラーは、正解を言い当てようと無理をせず、かといって意識的に外そうとせず、一生懸命センサーを働かせて感じ取ったものを伝える、というくらいがちょうどよい「かすり具合」になるはずである。

⑤ミクロの脱構築

　ドミナント・ストーリーからオルタナティブ・ストーリーへと転換する脱構築をマクロの脱構築とするならば、言葉やセンテンス単位で行われる脱構築はミクロの脱構築といえる。たとえば、「昇進・昇格」という言葉に喜びを感じる人もいれば、そうでない人もいる。この言葉をどのような意味構成として捉えているのかは、クライエントによって異なる。クライエント自身、その意味構成に気づかぬまま用いていることも多く、これを尋ねてクライエン

トなりに説明してもらう。これによって、クライエントが捉われているその言葉やセンテンスの思い込みが明確になり、その思い込みから脱することができる。

そして、いくつかのミクロの脱構築を重ねた後に全体のストーリーを語り直していくと、文脈からクライエントのいわんとする「主張」「ニーズ」、そして「働く意味」が明確になりやすい。

⑥焦点を当てる箇所

無知の姿勢やセンサーという話をしたが、では、クライエントの話のどの部分に好奇心を向けたり、センサーを働かせたりすればよいのだろうか。それらはたとえば、**繰り返される言葉・独特な表現の言葉・極端な表現（言語／非言語を含め）をした言葉**である。これらは、クライエントがこれまで語っていなかったストーリーを語り出すための糸口となる。たとえば、上司のちょっとした小言を「宣戦布告をしてきた」というような極端な表現をしてきたら、「どんな点が宣戦布告なのか、宣戦布告はあなたにとって何を意味しているのか」というように興味を持つとよい。これらの言葉には辞書的な意味以上の意味が含まれているはずである。たとえば、この宣戦布告には「自分は被害者であり、そんな自分を理解してほしい」という意味が隠されているかもしれない。

この他に、**一般論として社会やその組織で通用している言葉**にも焦点を当てたい。これは、たとえば、「転勤を経験しないと管理職になれない」といった、世間でよく言われている言説のことである。このような一般論はもっともらしく聞こえるが、クライエントがこのディスコースに縛られている可能性がある。あるいは、クライエントにとっての重要な意味が隠されているかもしれない。いずれにしても、この点を詳しく語ってもらう必要がある。詳細は、後述の「原体験に迫る（歴史・経緯をたどる）」を参照されたい。

また、**語られてもおかしくないのに語られていないストーリー**についても注目したい。これは、ある程度語ってきた話の流れからすると、当然触れられ

てもよいのに語られない話題のことである。たとえば、「業績評価についての不満」をさんざん語っておきながら、評価者である「上司」のことについては語っていない場合などである。クライエントが無意識に話題にすることを避けているのは、その話題にクライエントが大切にしている特別な思いやこだわりがあるからである。洗いざらい白状させるのではなく、避けられた部分について話題提供するような感じがよいだろう。この点に触れることによって、これまで語られなかった新しいストーリーが生まれる可能性が広がる。

⑦原体験に迫る（歴史・経緯をたどる）

　クライエントの「働く意味」が存在するということは、過去においてその意味を重要なものとした瞬間があったと考えられる。この瞬間のことを「原体験」と呼んでいる。この原体験のエピソードを語ることは、当時を追体験して「働く意味」を自覚し、現状の問題についての理解を深めることにつながる。原体験に迫るには、前述の「焦点を当てる箇所」を糸口として「**歴史・経緯をたどる**」とよい。「いつからこのように思うようになったか」「こう考えるようになったきっかけは」という質問で時間をさかのぼり、「そのとき、何があったんですか」「そのときの印象的なエピソードは何ですか」という質問で「**エピソードを語ってもらう**」ようにする。最後に原体験のストーリーが十分に豊かに語られたら、「このストーリーにふさわしい**タイトルをつけてください**」とか、「このストーリーの根底に流れている、あなたにとって大切なものを一言**で表現してください**」というように、「**意味の象徴化**」をさせると「働く意味」をより明確にすることができる。

　原体験や「働く意味」が十分に根源的かどうかは、それを語っている際のクライエントの様子（非言語表現）をよく観察してみるとよい。根源的であるほど感動的であり、クライエントに情動が生じるからである。その程度を「面談の深化のレベル」として表にまとめた（表1-5）。この表を参照すると、クライエントがどの程度根源的な意味を見出したかを把握することができる。もし、深化のレベルが2以下ならば脱構築がうまくいっていないことが考えら

表1-5　面談の深化のレベル

1. 働く意味に気づかない、わからない
2. 働く意味の存在の可能性に気づく 　（そういうものがあるかもしれないと気づく）
3. 知的・理性的に働く意味に気づく 　（論理的帰結としての働く意味を語る）
4. 働く意味に気づき、ハッとするような弱い情動が生じる 　（納得感・腹落ち感がある、目から鱗が落ちる思い）
5. 働く意味に気づき、強い情動が生じる 　（感激する、感動で涙が出る、感嘆の声をあげる）

れ、脱構築をし直す必要がある。かといって、レベル5へのこだわりは持たなくてよい。あくまでも、「働く意味」に対する気づきの深さを把握するための参考としてほしい。

　なお、原体験という唯一の客観的事実が存在するという考え方をナラティブ／社会構成主義ではしない。問われたことによって、現時点のクライエントが主観的に重要だと思った過去の出来事を抽出した結果として原体験が語られるということである。

　⑧脱構築における対話プロセス
　ここまで、脱構築の手法やコツを列挙してきた。これらを概観すると、脱構築におけるカウンセラーとクライエントの対話プロセスが見て取れる（図1-3）。これに基づくと、両者は対話を通じて相互に触発し合ってストーリーを生み出す関係であるといえる。つまり、カウンセラーはクライエントに触発されるようにクライエントの語りに鋭敏になり、同時に、クライエントを触発するような発言をすることによって、クライエントがこれまで語らなかったストーリーとその意味を引き出すのである。この対話プロセス（図1-3）を参考にしながら、面談の仕方を工夫していただきたいと思う。

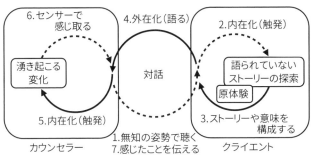

図1-3　脱構築における対話プロセス

(5)共構築（再構築、再著述ともいう）

　共構築とは、脱構築によって発見あるいは再確認した「働く意味」に基づいて、カウンセラーと共同作業で未来のキャリア・ストーリーを語ることである。人は、語ったストーリーに沿って行動をする傾向があるので、新しいストーリーの生成によって、人の行動も変化することが期待できる。しかし、実際に行動変容がなされなければ仕事で活かされることもない。また、その行動変容が本人に都合がよくても、組織や職場にとっては都合が悪いというのでは問題である。共構築においては、組織の期待や役割という視点も加味して、個人と組織がWin-Winになるようなストーリーや行動計画をクライアントとともに作っていく。ここが第二の山場である。

　筆者は、共構築では、ゴールを意識させるよう「**解決志向アプローチ**」(Solution Focused Approach)を取り入れている。「働く意味」を仕事の中で実現している姿や、キャリア・ビジョンを描き、それを語ってもらう。次に、そのために必要な行動を検討してもらう。必要な行動を検討する際、自己中心性を助長しないように、クライアントが組織の中で求められている役割や技能、目標、将来の立場などを書き出してもらうとよい。クライアントが直接上司と確認できることが望ましいが、面談の中でクライアントあるいはカウンセラーが上司の立場で考え、行動計画を追加・修正するとよいだろう。

　仕事の仕方を見直すには「ジョブ・クラフティング」も参考になる。ジョブ・

クラフティングは、WrzesniewskiとDuttonが提唱している手法で、やらされ感でしている仕事に主体的に取り組めるよう、仕事の進め方を工夫するものである。職務内容や役割を書き出して、「働く意味」と関連するもの、そうでないものに分類する。関連する職務については、職務をもっとどのようにしていきたいのかを考えていく。関連のない職務については、どのような課題があるのかを明確にしていく。これらがそろったところで、総合的に自分の職務をどのように進めていくのかを検討する。また、関係者との交流の質や量についても検討していく。さらに、仕事の意味を拡大解釈することもしてみるとよい。たとえば、「営業は売り込みではなく、顧客を支援する仕事である」といった感じである。これによって、仕事は当初思っていた以上にやりがいのあるものに変化する可能性がある。

　以上、「働く意味」を軸として、解決志向アプローチやジョブ・クラフティングなどを併用し、個人と組織がWin-Winになるような行動計画を練っていく。

3. ナラティブ／社会構成主義キャリア・カウンセリングの導入事例

　ここからは、企業内のキャリア・カウンセリングにおける代表的な相談事例を取り上げて、筆者なりのナラティブ／社会構成主義による対応を紹介する。相談対象としては、若手社員、中堅・ミドル層、シニア層の3つを取り上げる。事例は、単にカウンセラーとクライエントのやり取りを文字化するのではなく、次の点を見える化してナラティブ／社会構成主義の特徴を理解できるようにした。①（　）内にカウンセラーの意図や感情・思考を記載した。②〈　〉内には、主に第2節で示した手法・考え方のうちでどれを適用したかを示した。③関係構築の段階は省略し、それ以降の脱構築、共構築を中心に示した。なお、ここで取り上げる事例は、筆者の経験をもとに、複数の事例を組み合わせて再構成したものである。

(1) 若手社員への対応

　若手社員の相談例として多いのが、職場や職業への参入・適応に関する問題である。

　組織に参入した若者がすぐに遭遇するものに「リアリティ・ショック」がある。リアリティ・ショックとは、自分の期待や夢と、組織での仕事、組織へ所属することの現実との間にあるギャップに初めて出会うことから生じるショックである。日本の企業は、組織で多様な職務をこなすメンバーシップ型労働社会である。そのため、入社後に希望の職務に就くことは稀である。さらに、命令権を持つ上司の存在も大きい。人間関係の軋轢から離職する者も少なくない。若手社員にとっては、いかに組織や職場に適応するかが課題といえる。そこで、したい仕事をさせてもらえない若手社員の事例を示す。

【事例1　A氏・25歳・男性　自動車の設計業務】

　A氏は大手自動車メーカーに入社し3年目。自動車のデザインを希望してこの会社に入ったのだが、仕事は電話対応や書類の整理などの雑務ばかりで設計らしい仕事をさせてもらえないという。このままでよいのか不安になり、何か行動をしないといけないと思い、転職を考えて相談に来た。

無知の姿勢で聴く

　A氏「今の仕事が面白くないんで、転職しようと思っているんです。それで、転職するにあたって、いろいろと相談したいと思ってきました」

　Co　（転職という選択は早計かもしれない。そもそも、仕事が面白くないとはどういうことだろうか？　A氏が何について面白くないと感じているのかがわからない。転職について話し合う前に、この点について尋ねてみよう）

　「仕事が面白くないんですね。今の仕事のどういうところが面白くないと感じているんですか？」

　A氏「えぇ、自動車の内装や外装のデザインをしたくて今の会社に入った

んですけど、なかなかやらせてくれないんです。一度、ラフスケッチを描かせてもらったことはあるんですけど、そしたら、お前はまだ半人前だと上司から言われて、それっきり雑用ばかりやらされるんです」
Co　「内外装のデザインを希望していたのに雑用をさせられる。そのことが面白くないと感じさせているというわけですね」
A氏「そうなんです。このままだと、自分はデザイナーとして出遅れてしまうと思うんです。だから、まだ若い今のうちに転職をした方がいいと思って」
Co　（出遅れる、若い今のうちにという言葉に、A氏の焦りを感じた）
　　　「デザイナーとして出遅れるという焦りが感じられましたが……」
A氏「そうですね〜。同じ大学の友人で、自動車ではないですがデザインの道に進んだ人は、もうデザインをさせてもらっているというし、やはり多くの経験を積まないと、デザイナーとして大成できないと思うんです」

脱構築
　　Co　（A氏にとっての仕事の面白さ、そして焦りとは具体的に何だろうか？　デザイナーとして大成することにA氏はどんな意味を感じ取っているのだろう？　なぜ、大成したいと思うのかを知りたい。「なぜ」で聴くと答えるのが難しいだろうから、そう思うに至った歴史を聴いてみよう）
　　　「Aさんは、デザイナーとして大成したいと思い始めたのはいつからですか？　何かきっかけがあるのですか？」〈歴史・経緯をたどる〉
　　A氏「子どもの頃からデザインするのが好きでした。だから、昔から将来はデザイナーになりたいと思っていたんです」
　　Co　（子どもの頃、昔とはいつで、その頃はどんなデザインをしていたのか？　また、どんなデザイナーになりたいと思ってきたのか興味が湧く。彼にとってのデザイナー像を探ってみたい）

「そうだったんですね。子どもの頃というと、いつ頃ですか？　また、どんなデザインをしていたんですか」
A氏「小学校の頃からだと思います。ミニカーや自動車の本を持っていて、いろんな形状の自動車を見るたびに『こんなデザイン、見たことない』って興奮していました。それで、負けまいとして実在のものではなくどこにもない自分なりの自動車を考えて描いていました」
Co　（新しい自動車を見たときの驚きと興奮、その興奮を自分が創り出したいという意欲、どこにもない自分なりの自動車……）〈この感覚をセンサーとして味わっているCo〉
　　　「へぇ〜、ワクワクする思い出ですね。それでその頃から、自分が考えた自動車を描いていたんですね！　見てみたいですね」〈感じ取ったことを伝える〉
A氏「実は、今も自動車のデザインをスケッチで書きためているんです」
Co　「本当に好きなんですね」
A氏「ええ、でも、一度、描かせてもらったときに、上司に酷評されたんで、きっとプロとしては全然ダメなんですよ」
Co　（酷評とはかなり強い表現）〈焦点を当てる箇所〉
　　　「酷評って、どんな風に？」
A氏「お前はわかってない、形には意味があるんだって言われました。何のことだかよくわかんないんですけど……」
Co　（確かにどんな意味だろうか）
　　　「形に意味ね……」〈感じ取ったことを伝える〉
A氏〔沈黙〕
Co　（上司についての物語を語ることによって、A氏自身の物語が中断。話題を戻そう）
　　　「でも、デザインが好きなあなたに変わりはないわけですよね」
A氏「もちろんです」
Co　「それで、将来はどんなデザイナーになりたいと思っているのかな

　　　　あ」
A氏「そうですね……。あの、やっぱり、こうカッコいいデザインの自動車を作って、それが世間で話題になってくれるとうれしいですねえ」
Co　（この語りは、やや稚拙かもしれないが、A氏らしさが表れている。カッコいいとはどんな感じだろうか？）
　　「ん〜、カッコいい自動車が話題になる。確かに、それはうれしいですよね。カッコいいってどんな感じなんだろうか？」
A氏「そうですね……。斬新さ。誰も考えつかなかったデザインですね」
Co　（A氏にとってのカッコいいとは誰も考えつかない斬新なデザインのことで、それが社会的に評価されることのようである）

原体験に迫る

Co　（斬新なデザインはA氏にとってどのような意味があるのだろうか。単なる承認欲求ではない感じがする）
　　「Aさんにとって、斬新なデザインを創り出すことって何だろうか？世間で話題になることが重要なのかな？」〈かする〉
A氏「ん〜。それもありますけど、誰も思いつかないデザインでないとダメなんです。えーっと、何か自分のアイデアを形にするというか……そういうのがワクワクするんですよ」
Co　（世間で話題になることは最重要事項ではない。質問がかすったので、Aさんが語り直してくれた）
　　「あ〜そうなんですね。認められること以上に、自分のアイデアを形にするようなことにワクワクがあるんだね」
　　（アイデアを形にすることがA氏の働く意味だとすれば、それを決定づけた原体験があるはず。それを確認する）
　　「アイデアを形にすることが好きになった一番最初はいつだったのだろうか？」〈歴史・経緯をたどる〉

A氏「えっと、幼稚園の頃からだと思います」

Co 「その頃の、アイデアを形にした印象深い思い出ってありますか？」
〈エピソードを語ってもらう〉

A氏「はい、幼稚園のときに色紙を使った貼り絵を作ったんですけど、そのときもやっぱり自動車を描いていて〔笑〕、それで、海の上を走る自動車を描いたんです。それを見た幼稚園の先生が、自動車は海の上を走らないでしょって、ちょっと僕をたしなめるような感じで言ってきたんです。でも、僕としてはそういうコンセプトの夢の自動車なんですね。それを表現したんですけど、当時はうまく伝えられなくて、ただただ、『これでいいんだ』って言い張りながら泣き続けてしまったんです」

Co （幼いA氏の自分のアイデアに対する熱意と必死さが伝わってきた）
「そういう夢の自動車を形にしたわけなんですよね！」

A氏「そうなんですよ！　でも、それが伝わらなくて、そのときは、なんか悲しいような、悔しいような気持ちになりました」

Co （A氏の他者に伝えたいという強い思いも感じられた。このことと、認められるという話に関連性を感じた）
「伝わってほしいね〜。〔間〕そういうわけで、形にした自分だけのアイデアをみんなに認めてほしいのかもしれませんね。どうでしょう？」
（少し解釈めいたことを入れたが、これは脱構築の意味であえて行った。これを受けて本人がどのように語るかに注目したい）

A氏「あぁ、そうかもしれません。そのときだけでなく、現在もずっと、わかってほしいというもどかしさにぶつかることがよくありますね。それと、自分の存在がこんなにすごいんだってわかってほしくて、他にはない斬新なもの、オリジナリティっていうのかな、それを作り続けたいと思っています」

Co （Aさんが真剣に原体験を語ってくれた実感がある。深化のレベル4くら

い。Aさんの働く意味を要約してみよう）

　　　「んーんー。Aさんは、デザインの仕事に斬新さやオリジナリティを求めていたように感じましたが、どうでしょうか」

A氏「ええ、そうですね〜。オリジナリティを形にすることが大事なことなんだと思います」

Co　（働く意味を象徴化させ、あとあと思い出しやすくなるように働く意味に名前をつけさせてみる）

　　　「あらためて、Aさんが仕事で大事にしていきたいことを、自分なりの言葉で端的に表現してみるとどうなるでしょうか」〈意味の象徴化〉

A氏「〔しばらく考えて〕『オリジナリティの追究』という感じでしょうか」

Co　（ひとまず、この時点でA氏の仕事の意味は明確になったようだ）

例外探し

Co　（まだ仕事上の対応についての問題が残されている。これについては、例外探しで対処してみる）

　　　「それを、お仕事の中で実現できるといいですね」

A氏「いや〜。でも、雑用ばかりなのでね……〔間〕」

Co　「確かに今は雑用が多いんでしょうね」

　　　（困ったな。雑用しかしていない状況で、オリジナルを形にする場面はないかもしれない……。でも、オリジナリティを感じることはできるかもしれない）

　　　「ところで、Aさんが、今のお仕事をしている中で何か『オリジナリティ』を感じる瞬間ってありませんか？」

A氏「えぇ、オリジナリティを感じるんですか。そうですねぇ〜。〔間〕あぁ、この間、資料整理をしていると、たまに自分が思いつかないような斬新なデザインの自動車を見たことがあります。自分もこんな自動車をデザインしてみたいなって」

Co　「他の人のオリジナリティが刺激になる、という感じでしょうか」

A氏「そうですね〜。単に見た目の良さだけじゃなくて……そうそう、そういうデザインって、空気抵抗とかが計算されていたり、いろんな規制に適合するようにも考えられているんですよ。〔間〕そこまでできて、初めて形になるんですよね」

Co （自分のオリジナリティだけでなく、他者のオリジナリティにも共感する機会があることに気づいてもらえた。また、オリジナリティを形にするための条件についても語ってくれた）

共構築

Co （オリジナリティを形にするための条件は、A氏が上司から半人前扱いされることや、お前はわかっていないと言われることと関連があるように思われた。この関連について考えてもらいたい）
「オリジナリティを形にするには、課題や規制をクリアする工夫、あるいは苦労があるみたいですね〜。この点についてはどう思いますか」

A氏「ええ、その通りだと思います……〔沈黙〕……どうやら、オリジナリティを形にするためには、もっと勉強しないといけない感じがしてきました。今の自分は単に自分だけのアイデアを形にしているだけで、自分中心だった気がします」

Co （自分中心になっていることに気づいた様子。では、他者からの期待についてはどうか）
「今、あらためて考えてほしいのですが、上司はあなたに何を期待していると思いますか？」

A氏「正直、上司に聞いてみないとわかりませんが、でも、『形には意味がある』という言葉の意味が少しわかるような気がしてきました。設計として必要な制約を取り込んで、考慮して、自分のアイデアと結びつけてひねり出したものが本当のオリジナルデザインなのかもしれません。上司は、こういうことに気づいてほしいということを言

いたかったんだと思います」
Co 「そうかもしれませんね。ぜひ、そのあたりも上司と話し合うとよいと思いますよ」
（自分のやりたいこと中心の語りから、自分以外からの期待・役割に気づき始めた語りに変わってきている。今後、具体的に何をしていくのか、目標と行動を語ってもらう）
「Aさんのオリジナリティの追究を実際に実現してほしいなと私は思っているのですが、Aさんはこれからどうやってそれを実現していきたいですか？」
A氏「そうですね。資料整理という雑用も結構面白いと思い始めました。他の人のデザインの表層だけでなく、その背景にある工夫を学んでみようと思います。どういったことでこのデザインに行きついたのか、紐解いてみようと思います」
Co （上記の発言が感覚的にA氏に腹落ちしているかを確認しよう）
「今お話しになったことをしている自分を想像すると、どんな感じがするでしょうか？」
A氏「面白そうだなって感じです。義務でやるのではなくて、なんかワクワクします」
Co （ワクワクという言葉に、行動と意欲が結びついていることがわかった。この調子で行動を実行してくれるとよい）
「それはよかったです。明日からできそうですね。他にできることはないですか」
A氏「そうですね。上司とも今日気づいたことを話してみたいし、上司の私への期待もちゃんと聞いてみたいと思います。ちょっと、勇気がいりますけど。今度、目標面談があるので、そのときにでも」
Co 「それはちょうどいいですね。ところで、転職についてはどうしましょうか」
A氏「それはもういいです。今すべきことがわかったので」

Co 「そうですか。それはよかったです。では、これで終わりにしましょう。Aさんがオリジナリティを追究するデザイナーになることを応援しています」

　このような形でこの面談は終結した。「仕事が面白くない。転職をしたい」という物語から「オリジナリティを追究するために資料整理も学びの場にしたい。仕事を続ける」という物語に変化した。このとき、クライエントにとって雑用させられることや転職の話はもはや問題ではなくなっている。
　A氏は「オリジナリティの追究」のために必要な知識や能力を身につけ、組織と調和する方向に移行することが予想される。

(2) 中堅・ミドル層への対応
　中堅・ミドル層では、キャリア・プラトー（高原状態）と呼ばれるキャリアの伸び悩みがある。職場に適応すると、自分のしたいことを抑え、義務的に仕事をこなしていくようになる。次第に「やらされ感」が強くなり、仕事に面白みを感じなくなると同時に仕事に喜びを期待しないようになる。こういったことを続けていくと、自分が何のために仕事をしているのかわからなくなり、就労意欲も低下する。「中年期の危機」であるともいえる。こういった事例に対して、どのように対応するかを見ていきたい。

【事例2　B氏・40歳・男性　営業職係長】
　社内で行われたキャリア研修を受講し、5年先のプランを作成した。しかし、仕事は生活費のためという割り切りは研修後も変わらず、仕事へのモチベーションが上がることはなかった。営業という仕事に対して特に強い不満もないし、与えられた仕事はこなしている状態である。研修後の必須のフォロー面談のため、仕方なく来談した。

無知の姿勢で聴く

Co「こんにちは。お待ちしていました。今日はよろしくお願いいたします」

B氏「よろしくお願いいたします。あの、今日は何を話せばいいんでしょうか」

Co（どうも面談に気が乗っていない様子）
「先日はキャリア研修を受講していただいたので、今日はそのときの気づきや学び、あるいは疑問点についてお話ししていただくとよいかと思います。あるいは、これからのキャリアについてあらためて検討するなどもよいと思うのですが、どうでしょうか」

B氏「研修については、特に、気づきというか……。まあ、自分や周囲のことをいろいろ考えて仕事をしないといけない、ということをあらためて確認したという感じですね」

Co（語りが事務的な感じ。あまり気づきが得られなかったのか。でも、いろいろと考えて仕事をしないといけないと言う。この辺が疑問である）
「そうなんですね。自分と周囲のことを考えて……。具体的には、どんなことを考えないといけないと思いましたか」

B氏「まぁ、そうですね。会社や上司の期待を把握して、それに応えるように自分の能力を上げていかないといけない、ということかと思います」

Co（あまり、確信のない話しぶり。やらされ感で研修を受けたのだろうか。意欲が感じられない。冷めた感じ。面談についても気乗りしない様子。もう少し詳しく聴いてみよう）
「ん〜、能力を上げていく……。それで、Bさんは、5年後のキャリア・ビジョンの欄にはどのように書かれました？」〈語りを豊かにする〉

B氏「はい、これです」〔キャリア研修で用いたワークシートを取り出して見せる〕

Co 「ありがとうございます。ちょっと、読み上げていただけますか」

B氏「現在は、営業メンバーのリーダー役として取りまとめているが、さらなるステップを果たして課長職になっている。配下のメンバー全員の力を引き出せるよう、営業力の育成を図り、目標達成100％を実現する」

Co （立派な内容だが、型どおりでBさんの意欲が感じられない。本当にBさんはこれを目指したいという欲求があるのか疑問に感じられる）
「Bさんは、今これを読んでみてワクワクしました？ また、本気でこれを実現したいなぁと思いましたか？ どうです？」〈感じ取ったことを伝える〉

B氏「〔しばし沈黙〕正直言うと、そんなワクワクはしないです」

Co 「では、どんな気持ちがしました？」

B氏「むしろ、ちょっときついな〜、って感じですね」

外在化

Co 「そうなんですね。では、Bさんに、こういう風に書かせたものは何なんでしょうか」〈外在化〉
（問題を外在化する問いかけをした。問題を明らかにするためと、Bさんを悪者にしないために）

B氏「えーっと、そうですね。上司の期待。きっと、上司はこういうことを望んでいるんだろうなって。それに合わせて書いた感じです」

Co 「『上司の期待』がBさんにこんなビジョンを書かせたわけですね」〈外在化〉

B氏「はい」

Co （上司の期待が与えるBさんへの影響を確認したい）
「Bさんは、日ごろから、『上司の期待』に左右されたりするんですか」

B氏「左右されるというか、まぁ、気にはしています。やるべきことはち

やんとやらないといけないと思うので……」
Co （Bさんは、問題を外在化できているか確認してみたい）
「やるべきことはちゃんとやる……。『上司の期待』はBさんにやるべきことをさせているわけですね」
B氏「まあ、そういうことになりますね」
Co 「『上司の期待』は、Bさんに『きついな〜』って感じさせているわけですね」
B氏「いや、そんなことはないですよ」
Co （やや解釈が強かったかもしれない）
「でも、さっき5年後のビジョンはきついって言ってましたよね。それは『上司の期待』が書かせてるとしたら」
B氏「え？　いや、まぁ、そういうことなんですかね」
Co （Bさんは、外在化したことに少し戸惑っている様子だ）
「よく考えてみてください」
B氏「〔沈黙〕仕事をしているときは、上司の期待に沿うべきだと思っていて、いつもそれは気にしていますね」

脱構築

Co 「では、逆に、上司の期待から解放されているときってありますか」
〈例外探し〉
B氏「自宅にいるとき、プライベートの時間は解放されてます」
Co 「解放されているときは、何をしてますか」〈語りを豊かにする〉
B氏「友人とお酒を飲んでいるときですね。みんなで騒いで」
Co 「どんな風に騒ぐんですか」〈知ったかぶりをしない〉
B氏「冗談とかいって、みんなを笑わせたりして」
Co 「へぇ、冗談を。どんな冗談ですか？　たとえば？　ちょっと教えてくださいよ」〈知ったかぶりをしない〉
B氏「ぇぇっ、いや、あの、おやじギャグとか、タレントの物まねとかして

……」
Co　（Bさんの生き生きとした感じが伝わってきた。もう少し具体的に聴いてみよう）
　　「物まね、いいじゃないですか。ちょっとやってくださいよ」
　　〈この後、Bさんに実際にギャグや物まねをしてもらった〉
　　（このことはラポール形成になるだけでなく、上司の期待から解放された物語を語ることを促すことにつながるはず）

原体験に迫る

Co　「結構デフォルメしていて面白いですね〔笑〕。Bさんは、人を笑わすのが好きなんですか」〈感じたことを伝える〉
B氏　「そうですね、言われてみれば、そうなんだと思います」
Co　「いつから、こういったギャグや物まねをし始めたんですか」〈歴史・経緯をたどる〉
B氏　「もう、昔からです。小学校のときからですかね。先生の物まねとかを大げさにやると、クラスメイトに受けたんですよ」
Co　「一番最初の大うけだった物まねってなんですか」〈エピソードを語ってもらう〉
B氏　「えーっとそうですね。○○先生っていう人がいて、口癖があってそれをまねしたときでしたね。だから、小学校4年くらいかな」
Co　（面談の深化のレベルはまだ2くらい。なぜ、物まねを始めたのか、さらに原体験に迫りたい）
　　「ところで、どういうわけで、物まねしようと思ったんですか？」〈歴史・経緯をたどる〉
B氏　「実は、僕はあまりクラスで人気がなくて、スポーツも勉強も中程度だったんで、ありふれた人間だったんですよ。当時、スポーツできた人は女子からもてたし、男子からも一目置かれていたんですが、自分もあんな風になれないかと憧れがありました。ある日、テレビで

物まねを見て、これなら自分もできるかもって思って。こっそり練習して、ある日の休み時間にやってみたら、その場がうわって盛り上がったんですよ。今でも覚えてますね」〔Bさん、やや目が赤くなる〕

Co　（Bさんの原体験を垣間見た感じがした）
「それで人気者になれたんですね。その経験の良さって、一言で言うと何でしょうね」〈意味の象徴化〉

B氏「受けたって感じです。人が喜ぶのを見て喜んでる自分がいる。『喜びの喜び』です」

Co　（Bさんの人を喜ばすことに喜びを感じるという「意味」がここに見て取れる。これを仕事の中でも実現していくことが新しい物語をつくる手掛かりになる）

共構築

Co　「『喜びの喜び』この命名のセンスも駄洒落っぽくてBさんらしいですね。Bさんは、『喜びの喜び』のためなら一生懸命やるし、楽しいと思うのではないでしょうか」〈感じたことを伝える〉

B氏「そうですね」

Co　「『喜びの喜び』をキャリア・ビジョンに入れるとしたら、どんなビジョンが作れそうですか」

B氏「〔少し驚きつつ〕面白そうですね」
　　〈この後、B氏はビジョンを書き出し、Coが助言しつつビジョンを作った〉

B氏「顧客の喜びを第一とする。そのために、商品のアピールだけでなく、顧客のニーズを満たし、問題を解決できるコミュニケーション・スキルをもった営業メンバーを育成・指導できる営業管理職となる。顧客と営業メンバーの両方が喜び合える結果を生み出す自分になる」

Co　（自分らしさ「喜びの喜び」が含まれた物語が作られた。「上司の期待」の物

語からは脱却している）
　Co「いいですね。自分で読み上げてみて気分はどうですか」
　B氏「こういう仕事なら楽しいと感じます」

　最後に、このビジョンを上司に見せて意見やフィードバックをもらうようにアドバイスをして面談は終了した。また、そのときに修正が入っても「喜びの喜び」はビジョンの中からはずさないように念を押した。
　一見、仕事以外の話題に逸れたように思われるかもしれない。しかし、そこにBさんを動機づけるものがあるとすれば、仕事以外の話題の中に原体験を探ることは「働く意味」の発見にとって有効である。そこで発見した「働く意味」をキャリア・ビジョンに盛り込ませ、かつ上司の期待も考慮させていくことによって、職場にとっても有益なキャリア形成が可能になる。

(3) シニア層への対応

　シニア層は、退職年齢が近づくにつれ将来への不安が強くなってくる。職位の低下、収入の低下、責任の低下など、人生が下る一方に感じられるからである。組織から離れていくことを受容し、新しい生活へと軸足を移していくことが求められるのだが、このとき、どんな仕事・活動を選択すべきかに戸惑いが生じる。雇用継続か再就職か、あるいは独立開業、地域活動、ボランティア活動などの中から選択するが、選択のための判断基準が必要になる。そこに、「働く意味」が重要な役割を果たすことになる。

【事例3　C氏・58歳・男性　総合研究所課長】

　定年が近づいてきたので、退職後の人生について来談。これまで30年以上やってきた経営の調査・分析の経験を活かしてコンサルタントとして独立開業していきたいCさん。カウンセラーのもとに、独立後の事業計画書を持って来てくれた。どうもうまく書けないので見てほしいという。

無知の姿勢で聴く

Co （自分は事業計画のプロではないが、事業計画書を見た感じでは、しっかりと書いている。ここは、事業計画書を指導するというよりも、本人がどのように捉えているかを確認するほうが先であると考え確認してみよう）
「非常に、理路整然と書いてあるようですが、たとえば、どのへんに問題がありそうだと思うのですか」

C氏「んー、どのへんというより、これだと事業が何かうまくいかない感じがするんです」

Co 「というと？」

C氏「えぇと……。仕事が『活性化』している状態が見えない感じです」

Co （やはり、計画書そのものの問題ではなさそうである）

脱構築

Co （ところで、Cさんにとっての「活性化」とは何であろうか。その意味構成を探る必要がある）
「Cさんにとって、『活性化』した状態とは、たとえばどんな感じなんでしょうか？」〈ミクロの脱構築〉

C氏「そうですね……。チームで目標を達成できた状態でしょうか」

Co （おそらく、「チームで一丸となって達成すること」がCさんの喜びや望みらしい。これに関連するより具体的なエピソードを語ってもらう）
「目標達成、いいですね！　これまででチームで目標達成したこともおありでしょう。何か、印象的なエピソードを聞かせてもらえませんか？」〈エピソードを語る〉

C氏「そうですね。〔しばらく考えて〕大型案件で、顧客の要望に沿った提案がなかなか出せなかったことがあって。私は当時リーダーとしてメンバーを統率しようと心がけたのですが、検討はなかなか進みませんでした。ある日、1人のメンバーの思いつきが全員の興味を引き、それを全員で発展させたことでうまくいったんです。うれしか

ったのと同時に、結局、私1人の力よりも、仲間で作り上げることが
　　　大事なのだと痛感しました」
　Co　（このエピソードとCさんにとっての「活性化」にはつながりがあるように
　　　思える。活性化の本質的な意味は何だろうか）
　　　「そうなんですね。そうすると、Cさんにとっての『活性化』をあらた
　　　めて言い直すとどうなりますか？」〈意味の象徴化〉
　C氏「メンバーのそれぞれが努力しつつ、全員で発展させて、顧客も含め
　　　て、『それ、いいね』っていえる状態でしょうか」
　Co　「なるほど、関係者全員でいいねと言える状態を『活性化』と呼んで
　　　らっしゃるんですね」

原体験に迫る
　Co　（これだけでも、ある程度、活性化についてわかるのだが、深化のレベル
　　　では3くらい。今はまだ理性的な判断で考えているように感じる。もっと語
　　　りを豊かにしてCさんの情熱をもっと感じてみたい）
　　　「他にも、活性化したと思えるエピソードはありますか？仕事以外
　　　では？」〈エピソードを語ってもらう〉
　C氏「仕事以外ですか。そうですね……。まあ、趣味で、吹奏楽を学生時
　　　代からやっています。パートに分かれての練習もそうなのですが、
　　　何より全体で合わせたときが『面白い』ですね」
　Co　（「面白い」は、個人の欲求・興味を表し、物事の動機になるものが隠れて
　　　いる。Cさんなりの「面白い」の意味構成を探っていこう）
　　　「特に、どんな瞬間が『面白い』と感じるんですか？」〈ミクロの脱構
　　　築〉
　　　（「瞬間」という表現は意識して用いている。人は常に面白いわけではない。
　　　つまらないこともある。しかし、例外として短時間であっても面白いこと
　　　があるので、そこに焦点を当ててもらうために「瞬間」という表現を用い
　　　ている）

C氏「んー、何て言うんでしょうかね……。ハーモニーができて、それがその場に響くというか、溶け込んでいくような感じですかね。その瞬間が、えも言われぬいい感じなんです」〈独特な表現〉

Co （「ハーモニーが場に溶け込む」を感じ取ってみる。しかし、うまく言語化できなかった）〈センサーを働かす〉

「『その場に溶け込む』感じですか……。それがAさんには大事なんですね」

（「その場に溶け込む」というCさん独特の表現がなされたところに、Cさんなりの意味があると思われる。そこについてさらに深めていこう。まずはここまでの語りを要約してみた）

「Cさんにとって、活性した状態とは、ともに関わるメンバーがそれぞれ努力しながらそれが調和して、それを受け取る顧客にとっても響き、浸透していくようなイメージでしょうか？」〈感じたことを伝える〉

C氏「そうそう、まさにそんな感じです」

意味の象徴化

Co （この要約は的を射たようである。活性化という一般的な表現（ディスコース）ではなく、その、Cさんなりの本質的な意味を紐解いていこう）

「その状態を自分なりの言葉で表現し直すとどうなるでしょうか？」〈意味の象徴化〉

C氏「〔かなり考えた後〕そうですね、『共に創り、響き渡らせる』という感じですかね」

〈具体的な言葉で表現し直すプロセスは、実際にはいろんな言葉で表現し直していくことになる。こんな言葉、あんな言葉を出していって、組み合わせたり、言葉尻を変えたり、比喩を使ってみたりとブレーンストーミングのように、カウンセラーとともに創り出していく。最終的に、クライエントにとって最もしっくりくる言葉を探す〉

Co （しっくりした言葉をもとに、当初のテーマに立ち返り、まとめてみた）
「Cさんは、『共に創り、響き渡らせる』ことを支援したり実現したりするコンサルタント業をしたいということではないでしょうか？」

C氏「ええ、ええ、そうなんです。それを事業計画書には表現しきれなかったんですよ」

共構築

Co （Cさんが重要視している「働く意味」が明確になった。この意味に基づいて、将来のビジョン、ゴールを明確にしていく。明確なゴールの状態を考えてもらう。ここは解決志向の手法を使ってみよう）
「これまでの職業で培った企画力を発揮しつつ、『共に創り響き渡らせ』た状態が実現したら、今とどのように違っていると思いますか？」〈ゴールの設定〉

C氏「まずは、信頼している仲間ができています。4〜5人かな。侃々諤々(かんかんがくがく)やっても大丈夫なんです。それで、いくつかのお得意様もいて、そこの担当者も自分たちの良さをわかってくれている感じですかね」

Co （今語られたゴールのイメージに向けて、具体的な行動を明確にしていこう。ただし、大きな困難がともなう行動は実現されにくい。明日からできるくらいのことが理想的である。もし、クライエントがハードルの高い行動目標を出して来たら、その高さを実行可能なレベルに調節しよう）
「その状態に近づくために、まずはどのようなことから始めたいですか？　確実にできる、簡単なことで結構ですよ」

C氏「そうですね……。仲間集めと勉強を兼ねて、起業の勉強会に出てみたいと思います。まずは、どこでどんな勉強会があるかを探すところから始めたいと思います」

Co 「それはいいアイデアですね。興味がわく勉強会と、いい仲間が見つかるといいですね」

この後、Cさんは事業計画書に自分の「働く意味」を追加した。それ以外の

詳細については、今後の仲間集めや勉強会を行ってから見直すことに落ち着いた。Cさんは意気揚々と面談室を出ていった。

　シニア層においては、雇用延長をするにせよ、退職するにせよ、自分の「生きる意味」「働く意味」をしっかりと自覚していなければ、今後のキャリアの方向性を見失い、不満や困惑、虚無感を感じることになる。「生きる意味」「働く意味」を自覚することは、退職後のキャリア選択ではさらに重要な判断基準となる。

4．私の背景とナラティブ／社会構成主義とのかかわり

(1) ナラティブ／社会構成主義との出会いとその魅力

　筆者がナラティブ／社会構成主義と出会ったのは2002年のことであった。当時、企業に勤めながら社会人大学院生として修士論文をまとめていた頃である。大学生を対象にしたキャリア成熟度の調査を行っていたところ、アンケートの自由記述量が多い学生ほど、キャリア成熟度が高いことがわかった。このことを不思議に思い、文献を調べていくうちに「語り（ナラティブ）」というキーワードにたどり着いた。当時はナラティブ／社会構成主義の書籍が日本では数冊しか発行されていなかったうえ、ポストモダンや社会構成主義といった思想にまで言及されていることに戸惑うことが多かった。また、「語る」という行為は、日常的にも行われるし、他のカウンセリング理論においてもなされる行為であるのに、それがなぜ特別な技法になり得るのかという疑問が強かった。

　しかし、ナラティブ／社会構成主義について調べていくと、その魅力に気づかされていった。その魅力とは、手法の背景にある思想の斬新さ、キャリアとナラティブの親和性の高さ、キャリアで幸せになるための手法としての適性の高さである。

　手法の背景にある思想の斬新さとは、まさにポストモダンや社会構成主義の思想のことである。「客観的真実に対する懐疑」や「社会は言語で構成され

る」といった思想については、現役学生時代に物理学を専攻していた筆者にとっては反論がないわけではない。しかし、科学至上主義が人間社会を捉えるうえで視野狭窄になっていることも実感していた筆者にとって、科学を疑問視する社会構成主義が非常に魅力的に見えたのだ。もともと、筆者が科学に興味を持ったのは、従来の枠組みを超えた視点から、いまだ発見されていない自然界の法則性を探索することに魅かれたからである。この意味で、科学的・論理的思考の枠組みを超えた視点からアプローチするナラティブ／社会構成主義は、自分が求めているものであった。

ところで、筆者が本格的にカウンセリングを学習し始めたのは1996年、31歳の時で、民間のカウンセラー養成機関に通学していた。この時はまだ、カウンセリングの中でもキャリアを専門にしようとは思っていなかった。だが、そこに集まる人たちは教師や看護師などが多く、支援する対象者が明確であった。それに引き換え自分は会社員（エンジニア）で、人を支援するフィールドさえ持っていなかった。このようなことがきっかけで「自分はいったい誰を対象に支援していくのか」を考え始めるようになっていた。そんな筆者がキャリアに目覚めたのは、ある日、「自分がキャリアで悩んでいること、そして職場にも同様に悩んでいる人たちがたくさんいること」に遅まきながら気づいたからである。灯台下暗しである。なぜ、それまでこのことに気づかなかったのか、今思うと滑稽に思う。このときに、「キャリアで幸せになること、幸せにすること」が自分のテーマとなり、キャリア・カウンセリングを専門にすることを心に決めた。2000年頃だったと思う。

ちょうどその頃、民間団体がキャリア・カウンセラー養成講座をスタートしたので、それに飛びついた。資格を取得し、実践の場も得ることができた。このときの仕事は就職や転職の支援ばかりで、どうも自分が目指すものと違うという違和感があった。その後、大学院でナラティブ／社会構成主義と出会って、キャリアとナラティブの親和性の高さに魅力を感じたのである。「キャリアはナラティブそのものである」としか思えなかった。

本章の冒頭でも触れたが、内的キャリアも含めて個人のキャリアを表現す

るには語るしかない。記述することもできるが、それはどこか無機質な感じになる。誰かが聴いてくれるからこそストーリーは豊かに生き生きとしたものになる。このように考えると、キャリアで幸せになるための手法としてはナラティブ／社会構成主義しかないだろうというのが現在の実感である。職業の選択、転職支援といった外的キャリアの支援も不可欠ではある。しかし、それだけでは不十分であり、外的キャリアに内的キャリアを紐づけて支援していかなくては、キャリアで幸せにすることはできないだろう。

(2) 企業内でのナラティブ／社会構成主義のこれから

　筆者にとって、ナラティブ／社会構成主義はキャリア・カウンセリングにおける主軸となっている。しかし、それがすべてだとは思っていない。筆者は、折衷主義であり、クライエントの成長のためならどのような手法・理論でも活用することをモットーとしているからである。キャリア支援は、心理的変容だけでなく、実際にキャリアを構築するための行動変容が不可欠である。そのために、面談後にクライエントが目標に向かって行動していけるように解決志向アプローチを併用している。前半ではナラティブ／社会構成主義のキャリア・カウンセリングを用いて「働く意味」や「問題の核心」をつかみ、後半では働く意味の実現や問題の解決を目指した行動変容を促している。また、キャリア・カウンセリングでは、1回限りの面談が少なくない。1回の面談でクライエントの行動変容につなげるためにも、解決志向アプローチをはじめとするブリーフ・セラピーやコーチングを併用したほうが望ましいと考える。ブリーフ・セラピーは比較的ナラティブ／社会構成主義と手法的に類似し共通する部分が多いので、親和性も高い。ナラティブ／社会構成主義だけにこだわるのではなく、他の理論や手法と併用して、クライエントにとって最適な支援をしていくのがよいと考えている。

　現在、日本は少子高齢社会であり、減少する労働力をフルに活用していくことが課題となっている。また、グローバル化によって、外国籍の人々とともに仕事をする機会も増加している。つまり、女性、高齢者、外国人、障害者

などの多様な人材が同一企業内で協力し合って成果を生み出していくという「ダイバーシティ」という発想が重要となってきている。一方で、厚生労働省は「セルフ・キャリアドック」という名称で企業内での定期的なキャリア・カウンセリングの導入を推奨している。これによって、従来、キャリア上の悩みや問題意識を持った人だけではなく、全社員が定期的に自分のキャリアを振り返り、課題を明確にし、あるいは希望あるビジョンを描いて、それらの達成に向けた行動をとっていくことが期待される。この時こそ、「働く意味」を見つめ直すナラティブ／社会構成主義のキャリア・カウンセリングが、全社員の成長や幸せを支援する手法として有効性を発揮する機会となるのではないかと期待している。

　そして、ナラティブ／社会構成主義のキャリア・カウンセリングは、単に個人のキャリア支援に終始するだけのものではない。ダイバーシティという社会的要請や組織開発にとっても有益になり得るものである。「社会は、それを構成している人々の言語によって作られる」というナラティブ／社会構成主義の考え方を組織に置き換えれば、組織の風土や文化、規範を作り出すのは社員の言語（ストーリー）ということになる。多様な社員が語る個々のストーリーは「小さなストーリー」にすぎないが、ナラティブ／社会構成主義を社員同士の対話の促進にまで拡大することによって、全社員の「小さなストーリー」を組織内で共有して組織の将来像を表す「大きなストーリー」へと発展させることができる。このようにボトムアップで作られた「大きなストーリー」は、もはや社員を制約するものではなく、むしろ社員と組織が協調し合う存在となるであろう。ナラティブ／社会構成主義のキャリア・カウンセリングは、個人と組織を融合するうえで重要な役割を果たすはずである。

参考文献
Berger, P. L., and Luckmann, T.（1967）*The Social Construction of Reality: A Treatise in the Sociology of Knowledge*. Doubleday & Company.（山口節郎（訳）（1977）『日常世界の構成——アイデンティティと社会の弁証法』新曜社）
ダン, E.、ビスワス＝ディーナー, R.（2014）『「幸せ」について知っておきたい5つのこと——NHK「幸福学」白熱教室』KADOKAWA／中経出版．

Hall, D. T.（2004）The protean career: A quarter-century journey. *Journal of Vocational Behavior*, 65, pp. 1–13.
濱口桂一郎（2013）『若者と労働――「入社」の仕組みから解きほぐす』中央公論新社．
今城志保・藤村直子（2010）「キャリア停滞と仕事の意欲低下――管理職志向と専門職志向の違い」『経営行動科学学会年次大会：発表論文集』13, pp. 66-71．
小森康永・野口直樹（編）（2003）『現代のエスプリ No.433　ナラティヴ・プラクティス』至文堂．
国重浩一（2013）『ナラティヴ・セラピーの会話術――ディスコースとエイジェンシーという視点』金子書房．
モンク, G.、ウィンズレイド, J.、クロケット, K.、エプストン, D.（著）国重浩一・バーナード紫（訳）（2008）『ナラティブ・アプローチの理論から実践まで――希望を掘りあてる考古学』北大路書房．
モーガン, A.（著）小森康永・上田牧子（訳）（2003）『ナラティヴ・セラピーって何？』金剛出版．
森俊夫・黒沢幸子（2002）『〈森・黒沢のワークショップで学ぶ〉解決志向ブリーフセラピー』ほんの森出版．
二村英幸（2015）『改訂増補版　個と組織を生かすキャリア発達の心理学――自律支援のマネジメント論』金子書房．
野口裕二（2004）『物語としてのケア――ナラティヴ・アプローチの世界へ』医学書院．
奥津眞里（2010）「定年退職後の働き方の選択――条件変更との取引」『JILPT調査シリーズ No.66』労働政策研究・研修機構．
シャイン, E. H.（著）二村敏子・三善勝代（訳）（2001）『キャリア・ダイナミクス――キャリアとは、生涯を通しての人間としての生き方・表現である。』白桃書房．
下村英雄・新目真紀・梅村慶嗣・榧野潤・輕部雄輝・高橋浩・永作稔・松田侑子・水野雅之・渡部昌平（2016）『新時代のキャリアコンサルティング――キャリア理論・カウンセリング理論の現在と未来』労働政策研究・研修機構．
杉浦健（2004）『転機の心理学』ナカニシヤ出版．
高橋浩（2012）「キャリア発達とやりたいこと志向の関連について――やりたいこと志向の2志向性とその質的差」『日本産業カウンセリング学会第17回大会発表論文集』pp. 46-49．
高橋浩（2012）「青年期のキャリア発達モデルの構築――一人前になるための経験学習および意味づけについて」『人材育成学会第10回年次大会論文集』pp. 75-80．
高橋浩（2015）「キャリア・カウンセリングにおけるナラティブ・アプローチ」渡部昌平（編）『社会構成主義キャリア・カウンセリングの理論と実践――ナラティブ、質的アセスメントの活用』福村出版．
高橋浩（2016）「今後のキャリアコンサルタントが担うべき機能的役割とその質保証」『日本労働研究雑誌』671, pp. 63-74．
高橋規子・吉川悟（2001）『ナラティヴ・セラピー入門』金剛出版．

第2章
離転職者に対する
ナラティブ／社会構成主義キャリア・カウンセリング

廣川 進

──生きるとは、自分の物語をつくること（河合隼雄）──

1. はじめに

(1) 仕事を失った人への支援

　「離職転職者」は仕事を辞めて次の仕事が見つかるまで失業している。公的機関等では「失業者」という表現を控えているが、表現に配慮することも必要なことではあるが、本人と支援者が「仕事を失う」ことの外的・内的現実から目をそらさないことも大切ではないだろうか。

　失業はひとつの対象喪失である。精神分析学者の小此木（1979）は、対象喪失を以下のように定義する。

　①愛情・依存対象の死や別離
　②環境変化、地位、役割などからの別れ
　　・親しい一体感をもった人物の喪失
　　・自己を一体化させていた環境の喪失
　　・環境に適応するための役割や様式の喪失
　③自分の誇りや理想、所有物の意味をもつ対象の喪失
　　・アイデンティティの喪失
　　・自己の所有物の喪失。大事にしてきた人やものを失う

　「求職者」は次の仕事を求めて、就労支援機関を訪れる。支援者は、求職者とともに未来を目指して歩んでいかなくてはならない。しかし、実効性のある支援のためには、支援者は、「この人は何を失ってきた人なのか」、その喪

失の内容と経緯を共有することが必要となる。そこにはもちろん個人差があり、転職を繰り返してキャリアアップを続けて来た人もいるだろう。しかし、ハローワークや再就職支援の場で出会う人の中には、いくつもの喪失を抱えて過去のわだかまりを清算することもできないまま、やみくもに案件を探し、面接を受ける人たちもいる。

Kaufman（1982）は、失業のストレスによる心理的な変化・徴候を以下のようにまとめている。

① Low self-esteem（自尊心の低下）
② High anxiety（高い不安）
③ Anomie（様々な規範が欠如した状態）
④ Self-blame（自責）
⑤ Depression（抑うつ）
⑥ Social isolation（社会的孤立）
⑦ Anger and resentment（怒りと恨み）
⑧ Aggression toward others（他者への攻撃）
⑨ Psychosomatic disorders（心因性の障害）
⑩ Occupational rigidity（職業選択の幅の硬直化）
⑪ Professional obsolescence（職務能力の低下感）
⑫ Low motivation to work（就業意欲の低下）
⑬ Low achievement motivation（達成動機の低下）
⑭ External locus of control（外的統制型。自分の運命や行動は自分ではなく他者など外的要因で決まると考える傾向）
⑮ Helplessness（無力感）
⑯ Premature death from suicide or illness（自殺や病気による早まった死）

こうした心理的な影響がどの程度見られるのか的確に判断できないと、うつ病になりかけている人なのに、本人が焦りから「どんどん案件を紹介してください」という要望にこたえて、善意から次々と案件を紹介して、落ち続け

てその挙句、自殺されたケースさえある。

　心理的援助は「公認心理師」に、キャリア的援助は「キャリアコンサルタント」にと国家資格が2つに分かれた。国家資格化したことは大きな前進といえるが、もともと企業内でも就労支援でも支援の現場ではメンタルとキャリアの問題は切り離せないものだ。資格がどうであれ、喪失を抱えるひとりのクライエントを支える際に、「メンタル」と「キャリア」の統合的支援は不可欠である。

　失業中の人と出会ったら、まず心身のコンディションの的確な把握、全体的なアセスメントは必要なことである。それを前提として、これから本稿の主題であるナラティブ・アプローチについて検討する前に確認しておきたい。

(2) 離転職者にナラティブ・アプローチ技法を導入する利点と課題

　転機にある人になぜ、ナラティブ・アプローチが有効なのだろうか。

　アイデンティティの定義を、時間的・空間的に自己の連続性と一貫性を自他ともに是認している感覚であるとする。小此木(1979)が述べたように、喪失を抱える人はアイデンティティが揺らぐことが多い。多くの社会人は、組織の中でそれなりに仕事を続けているという職業的なアイデンティティがアイデンティティの中核となっている。その安定感によって、過去・現在・未来はひとまず肯定的につながっていて、たとえ潜在的な問題を抱えたとしても、それは棚上げになっていることが多いのである。

　いったん仕事を失うとそのアイデンティティが揺らぎ、喪失感は深くなる。リストラなどの場合は会社から否定されたと感じやすいため、とくにその傾向は強くなる。自分はこの会社でいったい何をしてきたのか、まったく評価されていなかったのか。過去・現在・未来のイメージは否定的で不確定になる。過去への後悔から抜け出せず、未来への不安が先に立ち、一歩踏み出せずに立ちすくむ現在がある。いったんは棚上げされていた潜在的な問題も表面化しやすい。自身の親子関係にさかのぼるような問題、家族との関係などである。

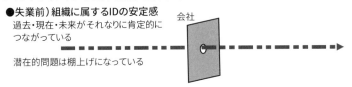

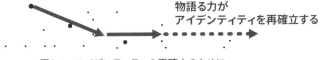

図2-1　アイデンティティの再確立のために

　アイデンティティの再確立のためには、否定的な見方になりがちな過去のエピソードを丹念に聴きながら、再評価できるように繰り返し語り直すことが有効である。自分に受け入れられる腑に落ちる物語が語られるとき、それは過去から未来へと貫く軸となり、再びアイデンティティを取り戻す。転機の語りがアイデンティティの再確立に必要になる（図2-1）。

　Harvey（2000）によれば、人生の危機において悲しみに言葉を与え、物語ることで意味を構成しようとする試みこそが、抑うつや希望の喪失に対抗する力となる（喪失体験の文脈化、contextualization）。喪失が癒やされるためのステップは以下の「物語－行為モデル」である。重大な喪失→物語の形成、喪失の理解→物語ること、喪失について親身になってくれる他者に話すこと→アイデンティティの変化→建設的なやり方で喪失に取り組む行為。こうしたプロセスをたどることで、失うことで何か新たな何かを得ることができ、「喪失を獲得する」という転換が起こる。

　Savickas は2013年のNCDA第100回記念大会講演で、「自己とはことばの

機能（a function）である」「キャリア専門家はことばの機能である」とする。また、「NCDAはキャリア開発／発達を発展させるという共通の目的に向かう専門家のコミュニティである」「この目的を達成するために、我々は専門化した語彙と思考方法と働き方を構築する」とする。離転職を行うクライエントのことばの機能を、新たな環境に適応的に再生するのがカウンセラーの任務である。

　なぜ幼少期の思い出を重視するのか。それは幼少期の思い出はライフストーリーが凝縮したものであり、人生の基本的テーマとなりやすく、支配的で反復するテーマとなるからである。そこには現在の問題と永続的な「捉われ」が埋め込まれており、幼少期の思い出とそれにまつわる感情は現在対処したいと思っている感情とつながっているからである。人生のトランジションを迎えている離転職者にとって幼少期の思い出を呼び起こすことは、現在の問題に対処して未来に向けての行動を準備することにつながる。記憶を思い出すということは、過去について現在の視点から解釈をすることであり、つねに再構成・リメンバリングすることを意味する。トランジション期に「現在から見た過去」の真実を整理することで、「仕事と人生の物語」が新たに再生していくのである。

（3）離転職者に対する
ナラティブ／社会構成主義キャリア・カウンセリングの方向性・メリット

　ナラティブ／社会構成主義キャリア・カウンセリングでは、まずクライエントの会社人生のストーリーを詳細に語ってもらうことで、「腑に落ちるストーリー」への書き換えを進める。自分史年表を使いながら、時系列に整理をつけていく中で、クライエントは自分の人生テーマを見つけやすくなるように感じている。このワークを実施することで、クライエントは会社のストーリーに一区切りをつけていったん終わらせることができる。そして「新たな始まり」へ向けてチャレンジしていく自己イメージを持つことで、能動感を持ち、自信が回復していく。過去から未来へ向けて「一貫する自己の軸」が見

えてくるようになる、と言えばよいだろうか。

「語る」と「聴く」は、能動的な相互行為である。ナラティブ／社会構成主義キャリア・カウンセリングでは、語り手と聴き手が一体となって経験を再構成していく。聴き手が仮説を修正していく過程で、語り手の自己覚知が進む。また、ゴールは未来志向である。過去のトラウマのふたをこじ開けるのではなく、クライエントなりの収め方ができるようにして、未来に向けて納得のいく生き方、働き方を選び直すための意志決定を援助していく。このためクライエントの抵抗や拒否感が少なく、むしろ前向きな態度や行動を引き出しやすい。そうなるためにも、聴き手が「語られない肝心なこと」を察して思いやる想像力が重要になってくるように感じている。

もうひとつ、ナラティブ・セラピーの5段階（MacLeod, 2007）についても紹介しておきたい。ナラティブ・セラピーでは、

① ナラティブの想起：重要なライフイベントの記憶を想起、ライフストーリーにプロトタイプ（典型・類型・試作）を見つける
② ナラティブの客体化：五感に訴える手がかり、思い出の品（手紙、写真、音楽、映像、プレゼント……）を探す
③ ナラティブの主体化：クライエントの内的体験に焦点をあて意識化する
④ ナラティブの比喩化：ストーリーに含まれるメタファー・象徴を見つけ、その意味を考える
⑤ ナラティブの投企：文学や芸術を参考に、今のストーリーに替わる新たな象徴を含むストーリーを生きる

という5段階を経る。実践においてはこうした「プロトタイプの発見」「客体から主体化、比喩化へ」「新たな象徴を含むストーリーへ」ということも意識している。

この枠組みに即して、後に紹介する事例を考察する。

2. 私のナラティブ理解

(1) 個人的な社会構成主義の理解

　前項でも述べたとおり、筆者は「幼少期の思い出を語る」「これまでの過去を年表として記述する」ことを重視している。繰り返しになるが、幼少期の思い出はライフストーリーが凝縮したものであり、人生の基本的テーマとなりやすく、支配的で反復するテーマとなるからである。

　例えば映画『おもひでぽろぽろ』(高畑勲監督、1991年)で考えてみたい。主人公のタエ子は1956年生まれの27歳、3人姉妹の末子で出版社と思われる会社に勤務し、勧められたお見合いを断った状態である。1982年に10日間の夏休みを取って義兄の故郷、山形へ農業体験に来て2年目。映画の紹介文には「小5の私を連れて、私はワタシと旅に出る」「自分を振り返って、もう一度羽ばたき直してごらん」とある。

　タエ子は自分を「ダメな自分」「思うようにいかなかった過去」として語り、自己評価が低い。「故郷がない」「食べ物に好き嫌いがある」「分数の割り算ができない」。「父にねだってパイナップルを買ってもらうが、酸っぱくて美味しくない」「姉のエナメルバッグがほしい」、そして「広田くんとの淡いかなわぬ恋」「学芸会では頑張って端役の『村の子1』で評判を得るが、親の反対で子役にはなれない」。そんななか、義兄の祖母(トシオの祖母)から「うちに嫁に来てもらえないだろうか」の一言で動揺して家を飛び出し、過去の転校生アベ君との別れが思い出される。あまり清潔でないアベ君に対し、クラスの皆は避けたり除け者にしたりしていたが、タエ子は普通に付き合う。しかしタエ子は自分を「アベ君に偽善的な態度を見透かされていた」と考えている。「自分はいい子ぶっていて、子どもの頃も今もそう」「自分が情けない」と考える。一方、もう一人の登場人物トシオ(義兄の弟)は、良き聴き手として「男の子の気持ちが分かっていない」「アベ君はあなたが好きだった」「意地悪することで甘えていた」「あなたにだけは本音を言えた」と語る。

このように、個人はドミナント・ストーリー＝問題の染み込んだ支配的な主要なストーリーを捨てられずに持ち、おいそれとそこから離れられない。ところが良き聴き手の存在により、オルタナティブ・ストーリー＝別の（主流から外れた）代替可能なストーリーに気づく（書き換える）こともできる。過去の自己物語を現在の視点から繰り返し語り／聴くという相互のプロセスの中で、現在の自分を支えるアイデンティティの修正・再生が起こり、未来に向けての意志と行動が生まれてくることが可能となるのである。

3. 実際の離転職者支援における
　ナラティブ／社会構成主義アプローチ

(1)事例から学ぶ
　Ⅰ　事例の概要
1) 事例

失業を契機に中年期の課題が顕在化した女性。
クライエントAさん、40代女性、大卒。

2) 主訴

職業アイデンティティの挫折や家の借金問題を機に、再就職をしなくてはならない状況だが、同時に年齢的な身体症状や家族問題などの幼少期からの未解決の課題も再燃。これからどうやって、何を拠り所にして生きていったらいいか、自己の内面の整理をつけたい。

3) 職歴

英語と経理、パソコンが得意であることを生かして、外資系イベント会社、メーカー、IT、ベンチャー企業などの秘書や経理担当としてフルタイムで働き続けてきた。33歳で結婚、翌年出産でいったん退職するも、1年後再就職し、育児・家事との両立を果たすキャリアウーマンだった。その後、企業の倒産で失業、再就職、退職→夫の自営業手伝い→自営業の失敗→近所の倉庫作業のパート勤め→3ヵ月で体調を崩して辞める→現在は次の働き方を模索中であ

4）家族背景

夫(46歳)。実家は旅館をやっていて、ホテルの従業員をしていたが、脱サラで自営業をはじめる。長女(小6)。別居の父(74歳)と母(72歳)、妹(44歳)がいる。

5）既往歴

ここ数年間、うつ病の診断で断続的に精神科にかかっている。同じ主治医に更年期の受診もしている。

6）来談経緯

初めは再就職支援会社の相談室などで7回面接。翌月、英語と経理の経験とITの資格を活かせる中小企業に再就職をした。その数年後、再びクリニックのカウンセリングルームに来談。

7）面接構造

経済的なこともあり月1回の来所相談とした。15回で一応の終結をみた。

8）前回までの面接の概要

育児・家事の両立も完璧にこなすキャリアウーマンとして全速力でがんばってきた。しかし失業をきっかけに、長女として親から受け入れられなかった思い、親に認められようとして学業、仕事を懸命にがんばってきたこれまでの生き方そのものへの問い直しが始まりそうだ。

Ⅱ　面接の経過

地の文はAさんの言葉、Coの言葉は〈　〉、状況説明の文は（　）で示す。

#1　X年9月

（法華経の文庫本を持参）。X-1年12月に夫が店を開業した。慣れない受付の仕事を手伝っている。今までは会社の経理の仕事だったので、戸惑っている。今年2月、客からのオーダーを夫に伝え忘れて怒鳴られた。普段穏やかな夫がそのときだけ怒鳴った。幼少期、父がアルコール依存で母に言葉の暴力

を振るっていた。父が帰宅する足音が聞こえると怯えていた。それを思い出してしまった。

〈トラウマとかPTSDとかと関連づけるカウンセリングもありますけれど〉

父のせいにはしたくない。もう退職から半年経ったから前に進みたい。これが来談の理由。しかし、外界に出ると恐ろしいことばかりだ、というイメージが強くなっている。人に会うことは大変で、引きこもって一生外に出ないでいようとさえ思う。

(『うつを治す』(野村総一郎)を読んでいる。家族関係をあらためて話す)

母親への依存が強い。仕事も母親と同じ経理畑をずっとやってきた。反発しつつも影響を受け依存している。

〈ところで今、キャリアウーマンとして復帰したい気持ちと、しばらく専業主婦、母親に専念するのと、どれくらいですか〉

3対7で母親を選びたくなっている。

#5　3月

自動車の免許をやっと取れた。気分の浮き沈みが激しい。夜は10時に寝て7時半ごろ起きている。睡眠は取れている。いろんなことの意味がないように思う。

#6　4月

チラシで探して運送会社にパートの仕事に行きだした。9時から3時まで。実は7月に民事再生のため債権者との裁判がある。夫が開業したものの経営不振で店をたたんだ。その間の負債が相当ある。借金の部分返済額が決められる。自己破産しなくていい。家計簿も提出する。パートの仕事はやったことのない肉体労働できつい。倉庫の中で安全靴を履きながら、おばちゃんたちの間でもまれている。と言いながらやや明るい表情。

〈これまで苦手にしてきた、たくましい「おばちゃん性の獲得」が課題かもしれませんね〉

#7　6月

5月にギックリ腰をやってしまった。自律神経失調症も出てきた。発汗やのぼせがある。仕事を早退したりしている。自家中毒、更年期の症状もある。吐き気があり吐いたりもする。1日で体重が2キロ減った。おばちゃんたちの元気に押しまくられて、大変。

〈慣れない仕事を始めて3ヵ月。ストレス反応が一番高まっている時期かもしれませんね〉

〈この先、だんだん慣れて収まっていくかもしれません。でも、近所のお医者さんに更年期のことは相談した方がいいかも〉

〈新しい職場は、これまであなたが経験してきた世界とは対照的なのかもしれないですね〉

主治医は事務職に変わったらと言っているが。今はずっと倉庫の中で時給800円。人材派遣、人材紹介の会社への登録もしてみる。10年前とどう違うかちょっと心配。

#9　9月

前のパートの仕事は8月末で辞めた。2回目のぎっくり腰をやってしまった。また仕事を探しているが、自信をなくしていて、焦りつつも本当はちょっと休みたい。娘も小6で一緒に居られるのも今のうちだ。今、もう少しゆっくりして、12月か4月にフルタイムの仕事に復帰できるといいのだが。

#10　10月

（初めて20分遅刻。顔が少し丸くなってやや太った様子）。民事再生の判決は11月に出るが、先週、見通しが知らされた。毎月の返済額が10万円以上と思っていたのが、8割方減額されて、3万〜5万円で収まりそう。ほっとした。今までは、ときにムダな動きもあるけど、常にフル回転で、いっぱいいっぱいだった。今は安堵感でぼーっとしている。働かない私は役立たない私で、存在感が希薄に感じられている。生きる意味が見つけられない。パートの仕事では

おばちゃんたちのいじめみたいなのもあり、懲りた。自信がなくなって立ち向かっていく気力がない。仕事をしていなくても、ずっと専業主婦でも存在していていい、と少しずつ思えている。今日のカウンセリングに来るのが億劫だった。何も報告することもたたき台もなく、何も持たずに、電車で一瞬熟睡して駅を乗り過ごしてしまった。こんな形でもカウンセリングに来ていいですか。

〈いいんです。何も持ってこなくても、持って帰らなくても、ここで日々のぐだぐだを話して、だらだら過ごしても、いいんです〉

サービス業のお店、美容室の人とかにも気を使い、話を合わせては疲れていた。

〈ここでもいいクライエントをやっていたかもね〉

(これまで納得のいく働き方、働き先を見つけること、一貫してそのゴールのためにキャリア・カウンセリングをしてきた。そのゴール自体が変わってくるのかもしれない)

#11　11月

(涙ぐみながら74歳の父の話)。1年前、軽い脳梗塞になり、今では母の言いなりになっている。酒乱で暴力もあったが、私は父が好き。父は私を変えてくれる人だった。揺るぎなき絶対的な存在だった。それが今、揺れている。だから私も揺れている。父が心配というよりも自分が心配なのかも。私が母のお腹にいたとき、祖母が亡くなった。私は祖母の生まれ変わりだと思っている。祖母の代わりに父を心配して、父を守らなくては。祖母は代々続く女系の旧家を守る気丈の人だった。これまで自力でやれると思ってきたが、みんなのお陰だったことに気づいた。他力。父や夫やカウンセラーや主治医の先生、そして母さえも。今だから子どもの頃の気持ちに返って泣ける。自分のもろさ、弱さにびっくりしている。あらためて自分の拠り所、根拠をもちたい。逃げずに勉強したい。娘がそろばんの1級を目指して2月に受験する。それに合わせて私も、ハローワークであっせんする簿記の学校に2月まで通っ

て資格を取ろうと思っている。実は母も今の私と同い年で簿記の資格を取った。自動車も簿記も、自分の意思と技術で目的地に行くための手段だと思う。

　家の借金のことが一段落して、ようやく「ほっと」する、めそめそする余裕が出てきたのかも。今までしたことがないから慣れていない。いったんこのモードに入ると、とめどなく落ちていくのではないかという不安もある。

　〈引き止める力が出てきたから今、このモードに入っているのかもしれない。祖母の視点、娘の視点、母の視点のバランスを意識してみては〉

　#12　12月
　個人の民事再生法の結果が出た。月々の返済額は3万円で3年間に決まった。ほっとしている。今回は弁護士に助けられた。娘は弁護士さんになりたい、と言っている。職業訓練所で簿記2級の勉強を週1〜2回、10時から16時でやっている。2月の試験を目指している。父は50歳のとき会社を辞めて、40代後半の母と1年間全国を旅行して過ごした。自家用車で温泉巡りをしたりして。父は55歳でまた再就職し経営幹部として70歳まで勤め上げた。「お前もこれから、それなりの仕事人生がきっとある」そう言ってくれた。父とは和解できた気がする。私の夫は事業に失敗して今はよその店に勤めているが、居場所がないように感じているのではないか。

　人材紹介会社から案件がきた。70人くらいの会社の総務経理の仕事だ。ブランクがあるので通用するのか不安。

　〈**自分史年表**をエクセルの表で作ってみるのはどうでしょうか。それからアルバムを探してみて、仕事で**生き生きと働いていた頃**の写真があったら見せてもらえませんか〉

　#14　3月
　（作ってきた自分史年表を見ながら、大学卒業以後のキャリアの振り返りをした）
　33歳で結婚、34歳で退職、出産。13年前の1月に、辞めたくなかったが妊娠中毒症で会社を辞めて、8月に娘を出産した。生まれた娘の顔を見たとき、こ

の子も女の一生を生きるのだと思った。私の一生をたたき台に見せてあげようと思った。出産後1年でまた就職してIT系の会社で3年間働き、37歳で家を建てた。38歳でホームページで海外通販の自営業をやったり。その後も若い社長が創業したベンチャー企業の人事総務、洋書の卸会社の経理、外資系会社の秘書などを転々としてきた。その後もあまり活躍できなかった気がする。出産でも辞めずに、あのまま職場復帰すればよかった。戻ってきて、と職場からも言われていたのに。自分のキャリアが頓挫してうまくいかないのは、自分を裏切った罰を受けているのかとも思う（ときおり涙ぐむ）。

〈持参してこられた職場の写真を見せてもらえますか〉

これは20代独身の頃、外資系のイベント会社の外国人の社長の秘書をしていたときの、**パーティの写真**です。

〈わあ、とっても華やかでおきれいですね。ドレスも似合ってるし。颯爽とお仕事をされていたんですね〉

（涙ぐんだ後、筆者が驚くほど、ふっきれたような晴れやかな笑顔に変わる）

#15　4月

〈前回、年表で振り返ったご自分はどうでしたか〉

報われなかったとは思うが、今から失ったものを取り返したいとは思わない。（涙ぐみながら）悲しくはない。自分のキャリアを高めていくことより、家庭や母親としての生き方を大事にしながら仕事と両立していく姿を女の生き方として娘に示したいと思う気持ちの方が強くなっている。

娘が小2〜小6までのこの5年間、オフィスワークのお勤めはしてこなかった。夫の店を手伝ったり、パートに出たりしていた。働いていない今、何か落ち着いた感じがする。これまでずっと急(せ)き立てられるようにバタバタと勢いで、ずいぶん雑な人生を送ってきたような気がする。

まだ体調は日替わりでいろいろな症状が出ることがある。小学校のとき以来なかったぜんそくの発作が出たり、頭痛や嘔吐、のぼせなどもある。でも何とか大丈夫だと思う。

人の助けを初めて借り、「お世話になる」経験を初めてした気がする。弁護士や主治医やカウンセラーの先生たちのお陰で今がある。うつ病になって、母親さえ助けてくれた。

〈立ち直るきっかけは何だったのでしょう〉

落ちるところまで落ちてしまったこと。自己破産手前まで行ったことが大きかった。もう人生の落伍者、世間に恥をさらしたと思った。ここで人に話せないことを聞いてもらった。あまり先生は深刻にならずに聞いてくれた（笑い）。一方では破滅願望もあった。小学校の頃から死んでしまいたいと思うこともあった。でも、もうなりふり構っていられない、取り繕っていられないという開き直りが出てきた。娘は就学支援を受けるとき、恥ずかしい、と泣いていた。以前なら私の方が先に泣いていただろう。仕事もここで焦って無理に探すよりは、自然に任せて時機がきたらやろうと思う。

これで準備ができた。これから何かが変わり、始まる気がする。これから帰りに竹橋で東山魁夷展を見てきます。

Ⅲ　考察

1　全体的な考察

Aさんの事例を中年危機の観点も含めて整理する。Aさんの抱える問題は以下のようにまとめられる（図2-2）。

1) 職業の変化

ライフサイクルや重要な他者との関係性の影響もあり、職業アイデンティティを十全に確立しきれないままに拡散している（外資系企業のキャリアウーマン→出産による不本意な退社、再就職、自営業、失業、夫の自営業の手伝い、借金返済のためのパート）。

2) 経済問題

夫の自営業の失敗による多額の借金。

3) 家族の問題

自営業の失敗による夫の自信喪失と夫婦間のすれちがい。成長する娘との

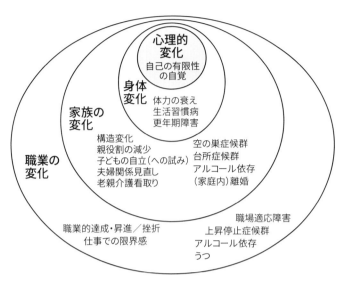

図2-2　中年期危機の構造（岡本, 2002）

コミュニケーションの難しさ。これまで精神的支えだった父が認知症になり、Aさん自身が揺らぐ。母との確執と和解。

　4）身体変化

　更年期の諸症状、うつ病。

　5）心理面での変化

　経済的な危機が民事再生という法的措置により回避されると、自分が借金を返すためにフルタイムで働かなくてはならないという焦燥感が和らぐ。安堵すると同時に、これまで親から認められるために誰の助けも借りず独力で仕事、家事、育児をがんばってきた、そうした生き方、働き方そのものへの問い直しが起こった。では何のために、誰のために働くのか。母から愛されなかった自分、長女として認められようとがんばり続けてきた自分、父を支えにしてきた自分、キャリアと家庭を両立できていた自分……。すべてが揺らいできた。定点が何もなくなった。立ち直りのきっかけは、これまで体験したことのない経済的な危機の中で、他人（弁護士・主治医・カウンセラー・親）の

助けを借りて救われるという体験をしたこと。時間的・経済的ゆとりが持てる時期からは、これまでの他者からの評価と課題達成のために大変な努力をしてきて、それなりの達成もあったことを確認した。キャリア上の挫折や喪失感も次第に受け入れられてきた。「個」としての職業アイデンティティの確立を求めて、時間に追われるように生きてきた自分の生き方を見直して、「関係性」を重視して大切な他者と過ごす時間、自分のためにゆったりと使う時間を大事にしようと思うようになった。

6) 4世代のつながり

①祖母世代　本家は400年続く旧家。祖母はそれを守る女傑だった。Aさんはその気概と役割を受け継ごうとしている。

②親世代

　父　祖父との確執、苦学、酒乱、介護問題。

　母　娘（Aさん）との確執。簿記の資格を取り再就職する。

③本人世代

　夫　実家は旅館、廃業してホテルマンから脱サラ、自営業失敗、再び雇われる。

　本人　妹をかわいがる母から愛されなかった自分、娘を愛する母になりたい。

④娘世代

　家の窮地を救ってくれた。「弁護士さんになりたい」。

2　ナラティブ・アプローチからの考察

ここまで全体を捉えた上で、ナラティブ・アプローチの観点から考察する。MacLeod (2007)「物語りとしての心理療法」の「ナラティブ・セラピーの5段階」に即して筆者なりの解釈を試みた。

1) ナラティブの想起

Aさんはとても物語のイメージの豊富な方だった。見た夢について語った

り、相談室でたびたび箱庭を作ったりもした(本書の趣旨に合わせて、本稿ではその部分の記述を割愛している)。

　Aさんが語った物語のテーマを挙げると、過去の生育歴、親子関係、学生時代の交友関係、就職してからのキャリア、夫婦関係、母娘関係(母、祖母も含めた3世代の視点)など、多岐にわたり豊かにエピソードが語られた。その際の聴き手の態度としては傾聴はもちろんだが、それらの語りに共通点はないか、「プロトタイプ」を探索するために構造的に聴くことがポイントであろう。

　2) ナラティブの客体化

　外在化といってもいいので、自分史年表もここに含まれるだろう。五感に訴える手がかり、思い出の品などをうまく使いながら臨場感をもって語りの促進と深化を促す。Aさんの場合は「生き生きと働いていた頃の写真」であった。自分史年表を見せてもらいながらキャリアの浮き沈みを語ってもらった後で、華やかなドレスを着たパーティでの1枚の写真を見た。外資系の外国人の社長の秘書として活躍していたAさんの自己イメージが一瞬のうちに聴き手にも伝わった。そして最大限の肯定的なメッセージで伝え返す。するとAさんは涙ぐみながら、スッキリとした笑顔に変わる。

　3) ナラティブの主体化

　2)の客体化がいったんきちんと進むことによって、私にもこんなに活躍して輝いていた時期があったのだ。今からそれを再び求めても、同じものは得られないことはもうわかっている。それよりも、これを勲章として今の境遇で可能なことを得るために、悔いなく生きるために、娘にその生き様を見せるために前に進んでいこう。こうした自己肯定感から諦念、苦さを抱えながら先に進む勇気が生まれる。Aさんを長年苦しめてきたドミナント・ストーリーでは、キャリアを出産で諦めた後ずっと不全感を感じ、それを自業自得と自分を責めてきた。しかし、私はライフステージのその時々でやるだけのことをやってきたではないか。自分のキャリアから見たら親や夫や娘は負荷であったが、ライフステージも含めたキャリアからすれば私を支えてくれるかけがえのない存在だった。未来に向かって生きられるオルタナティブ・ス

トーリーに転換した瞬間である。

4) ナラティブの比喩化

本稿では割愛したが、夢や箱庭はナラティブのメタファー、象徴として関連づけて聴いていくと語りのイメージが豊かになる。Aさんの箱庭の例では、「森の動物や怪獣たちの目が怖くて、ウルトラマンが次から次へとなぎ倒して砂で埋めてしまう」初回の危険と恐怖と暴力の世界から、後半は「森の動物たちが大きな泉の水を飲みに集まってきて行列を作っている」安心と共生の世界へと変化していく。

5) ナラティブの投企

またAさんは文学少女であったので、さまざまなお話のストーリーとパターンなども参考にして、自分の納得のいく語りを模索する。

3　統合的アプローチからのまとめ

中年期のクライエントが抱える課題・問題と背景は多岐にわたる。それらを十分に理解した上でかかわらないと、適切な援助になりにくい。村瀬(2006)の統合的アプローチを参考に以下にまとめた。

1) クライエントの問題を多面的にトータルにアセスメントする。
　①生涯発達上の位置づけ。中年期の課題とクライエントの主訴はどのように関わっているか。
　②就労上の問題。職場の人間関係（上司・同僚・部下）はどうか。担当している仕事の量と質はどうか。残業時間はどれくらいか。キャリア上の変化はあるか（昇進、異動、転勤、配置転換、出向、合併、リストラ、失業、転職など）。女性の場合はキャリアと家庭、結婚、出産、育児、家事との両立の問題も重要。
　③家族関係。夫婦・親子・きょうだい関係、ときに祖父母まで含めた検討が必要。
　④経済状況（とくに失業中のクライエントには重要）。負債、ローンは抱えていないか。

⑤クライエントとかかわる登場人物、援助者の見極め。

　⑥心理的な問題やクライエントの病理にだけ焦点をあてない。

2) 今、このクライエントに必要で有効なアプローチを選択し組み合わせる。

　クライエントの課題の全体をながめた上で、優先順位をつけ、限られた時間と場に応じて目標設定をする。その目標に沿って、クライエントが受け入れやすいアプローチを選択する（箱庭・夢・自分史年表作り・写真や日記などの活用）。

　これらのアプローチを組み合わせながら、Aさんの本来備えていた豊かなイメージの力や物語る力を引き出し、精神的世界を深めるとともに、状況に応じて現実的対処（借金返済や再就職、それに向けての資格取得など）や生活適応（夫や娘とのすれちがい）などについてもテーマとしていく。キャリアと家庭の両立を振り返りながら、ねぎらいの言葉を伝える。こうしたやりとりを重ねていく過程で、過去・現在・未来を貫く軸としてのアイデンティティがときに個から関係性へ重心を転換させつつ再構築につながっていく。

3) 関連する他職種との協働。

　とくに医療機関以外の場で心理臨床を行う際には、クライエントの精神疾患の有無、程度を見極めた上で、緊急度に応じて医療機関との連携が必要となる。うつ病や更年期症状に対しては、適切な治療につなぐ。弁護士は民事再生法により現実的な問題解決を行った。その状況変化の中でまた新たな心理的な問題が起こってくることを見極める。

4) もっとも重要なことは、クライエントと関わるプロセスの中で援助者自身のあり方を問い続け、客観的に対象化することである。高みの安全な場所から救いの手を差し延べ対処法を授けてはいないか、援助者の自己愛を満たすことを一義的な目的にしてはいないか。厳しく不断の自己点検が求められる。さまざまな困難な状況にあるクライエントに寄り添いともにあるためには、クライエントの状況を具体的に思い描き、自分がその状況に置かれたらどんな感情・思考になるだろうか、語られていない部分にまで、すばやく想像力を巡らせることである。そのとき援助者がわがことのように感じる痛み、

その結果生まれてくる「受容」「共感」のプロセスの中で、クライエント自身が困難な状況にあっても（不況、倒産、合併・リストラ、失業などときにそれは個人の力を超えた要因からもたらされた災難であることもある）、自分らしさを取り戻し、人としての誇りを忘れず地道に生き、働いていこうとする希望と勇気が自然に生まれてくる。

〈付記〉

事例の公表につき快諾してくださったAさんに感謝いたします。同じく中年の危機を越えていく者としてエールを送り続けます。

(2) ナラティブ・アプローチで使うワークシート紹介

私が研修会などで使用しているワークシートを紹介する。

ワークシート①　私の危機・転機（図2-3）

ブリッジスの転機の3段階の解説をした後で、危機・転機の語りを促すために8つの項目を記入する形を取る。

- それは何歳くらいのときに起きたことか、どれくらいの期間続いたか
- どんなことが起きたか、どんなプロセスだったか
- そのときの気持ち（ネガティブ感情だけでなくポジティブ感情もある）
- 失ったもの、人（喪失）　対象喪失の観点から
- 得たもの（再生）　危機・転機体験から得たものに気づくプロセスは重要である
- その期間に出会った人、体験した出来事
- その期間に頼りになった、支えになった人、もの、本など
- どのように乗り越えたか、あるいは乗り越えられないままか

ワークシート②　人生曲線（ライフライン）（図2-4）

これはキャリア・カウンセリングではポピュラーなシートであるが、次のワークシート③とともに使うといっそう効果的である。

何歳ぐらいのとき どのくらいの期間	何が起きたか どんなプロセスだったか	そのときの気持ち
どう乗り越えたか	**私の危機・転機** タイトル 「　　　　　」 語り・再構成・再編集	失ったもの（喪失）
そのとき頼りになった 人、もの、本	出会った人、出来事	得たもの（再生）

図2-3　ワークシート①　私の危機・転機

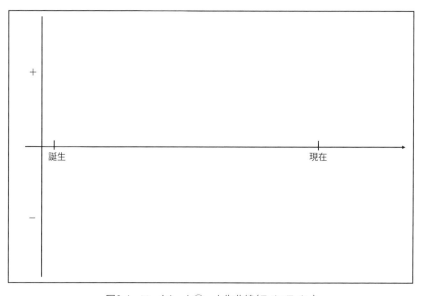

図2-4　ワークシート②　人生曲線（ライフライン）

母の死で すべてがオールクリア 喪の仕事の途上、今も	ひよこクラブ創刊号 即日完売！ 1993.11.1	雪の日の結婚式 3時間半 そして銀婚式を越えて どこまでも
震災 1995.1.17－2011.3.11	私の人生 8大NEWS Headline	長女の立ち会い出産 母にはかなわない
サバティカル（研究休暇）で 念願の米国滞在 最も辛く幸せな半年間 2011.8.1～2012.3.10	博士論文「失業の語り」 締切最終日17時 提出　危なかった…	初めての卒業生に 手渡された色紙 学生のピュアさに 応えるぞ！

図2-5　ワークシート③　私の人生8大ニュース

ワークシート③　私の人生8大ニュース（図2-5）

これまでの人生を振り返って印象深かった出来事に見出しをつけるとしたら、どんなものになるか。まずは多めに出来事を上げてから8つに絞る。仕事、家庭などの分野や、ポジティブな出来事（成功、達成、歓喜など）とネガティブな出来事（挫折、失敗、苦労など）の割合などから、その人の想起と認識の傾向などについても気づくことができる。

※ワークシート①②③はひとつながりのワークとしてグループワークで行うと、他者の例を聞きながら、似たような体験から新たな気づきがもたらされることも多い。ワークシート①を参加者が順番に話して行き、同じグループのメンバーからの共感やねぎらいなどの肯定的なフィードバックをもらうことで感極まる人も出たりして予想以上に効果がある。似た体験をもつメンバーから支持的な雰囲気の中で「転機の語り」を語る／聴く相互作用

がもたらす自己肯定感は、2者関係のカウンセリングで得られるものとはまた違う満足感があり、喪失体験の意味を再発見することにつながる。

ワークシート④　自分史年表（図2-6）
　これもナラティブ・アプローチの語りを促す有効なツールである。とくに中高年男性の中にはストーリーとして語る行為自体に慣れていない方がいる。その場合、年表という時間軸に沿って客観的に事実、出来事をまとめる作業から始めるとハードルが低くなる。エクセルで作ることでパソコンの練習にもなる。あとから欄を増やしてそのときに感じた気持ちを記入したり、夫婦や親子の、3世代の歴史をまとめたりすることもできる。

ワークシート⑤　明日へのライフキャリア（図2-7）
　これは領域を家族（親、夫婦、子）、自分（遊び、学び、生きがい）、地域コミュニティ、仕事の8つに分ける。それぞれの領域において網掛けの部分に現在、現状を書く。外側にはこれから何年後か自分で決めて、その時どのようになっているかの予想、どのようになっていたいかという願望、ヴィジョンを書く。記入したらグループで紹介し合う。メンバーは肯定的なコメントや思いついたアイデアを伝える。セカンドキャリア研修など中年期以降の研修では有効である。

ワークシート⑥　私の墓碑銘（図2-8）
ワークシート⑦　私の死亡記事（図2-9）
　この2つは自分が死んだときに、墓にはどんな文字を刻んでもらいたいか、新聞の訃報欄にはどんな記事を書いてもらいたいかを考えるワークである。いずれもポピュラーなワークであるが、死後の周囲からの評価、ゴールのイメージを明確にすると、何を目指して、生きて愛して働けばいいのかが見えてくる。

自分史年表をエクセルで作ってみよう

西暦	齢	出来事	コメント	世間の出来事
1950	0	東京で生まれる		朝鮮戦争

図2-6　ワークシート④　自分史年表

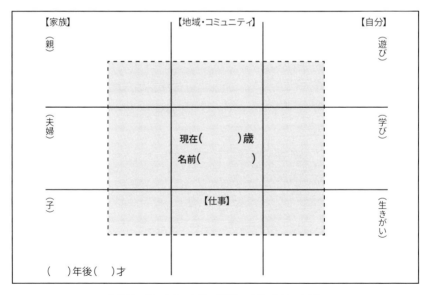

図2-7　ワークシート⑤　明日へのライフキャリア

廣川　進
1959－2039

その名のとおり、最後まで
挑戦し、変容し、進み続けた男
ここに眠る。

図2-8　ワークシート⑥　私の墓碑銘

組織臨床学者の廣川進氏は2039年7月21日、伊東の海岸で溺れて亡くなった。80歳。
彼の業績を要約すると3つの橋をかけたことにあるといえる。
1）臨床心理学と組織心理学をつなぎ組織臨床心理学を確立した。
2）研究と実践に橋をかけた。
3）西洋と東洋の文化に橋をかけた。

図2-9　ワークシート⑦　私の死亡記事

これまでやってきた仕事	やってみたかった仕事 (形を変えて実現すると したら……)	長所を挙げてみよう ・ ・ ・ ・
好きなもの・人	私のキーワード (　　　　　　) (　　　　　　) (　　　　　　) (　　　　　　)	人からはどんな人って 言われる？
学生時代にやったこと・ やりたかったこと	子どもの頃ほめられたこと や得意だったこと	あなたの人生の夢は？

図2-10　ワークシート⑧　私のキーワード

ワークシート⑧　私のキーワード（図2-10）

　Savickasのキャリア・インタビューとも関連するが、以下の8つの項目について記入する。①これまでやってきた仕事（学生ならば活動（勉強、サークル、バイト、ボランティアなど）、②やってみたかった（みたい）仕事、形を変えて実現するとしたら、③自分の長所を3つ以上、④周囲の人からはどんな人と言われているか、⑤あなたの人生の夢は、⑥子どもの頃ほめられたことや得意だったこと、⑦学生時代にやったこと、やりたいこと、やりたかったこと、⑧好きなもの、人。そして書き出した8つの項目を眺めながら共通するキーワードを中央の欄にいくつか書き出す。2～4人程度で紹介しあい、お互いのキーワードを考えて伝える。相手のキーワードのほうが思いつきやすい。

4. おわりに

(1) さらなる実践のために

　真の共感が生まれるとき、思い入れ・思い込み・先入観が描いた固定的イメージが何かの契機に崩壊し、思いがけない視界が広がるとき、共感が生じると神田橋(1997)は言う。クライエントは「通じた」と感じ、カウンセラーは「目からウロコが落ちた」と感じる。そこにはじめてクライエントとカウンセラーの「出会い」が生じる。思い込みが崩壊することで、カウンセラーの内なるストーリーが揺さぶられ崩壊し、その影響を受けてクライエントのストーリーも揺さぶられる。カウンセラーの思うようなクライエントを演じていたクライエントが、そのままではいられなくなってしまうのである。ナラティブ／社会構成主義では「共感は不要」と考えている向きもあるようであるが、筆者は共感こそが変化のきっかけであると考えている。神田橋(1997)はまた「質問を工夫する」必要性を述べているが、ナラティブ／社会構成主義キャリア・カウンセリングで用いられる質問もまた、クライエントのみならずカウンセラーも揺さぶる質問であると考えている。

(2) ナラティブ／社会構成主義キャリア・カウンセリングの課題

　離転職者の就職支援を行うとき、クライエントのナラティブを聴くだけでは終わらない。図2-11にキャリア・カウンセリングの援助の構造をまとめた。大きく分けて5つの要素からなる。

　A　ナラティブを聴く：関係構築を心がけながら、クライエントの危機・転機についての語りを聴く。辞めてきた過去の経緯、自責や他責の思いなどを虚心坦懐にまず聴く。我が身に起こっている不本意な辛い出来事でも、それを他者に物語の形で語れるときに、自分の中に受け入れることができるようになる。それは歴史(history)を物語(story)として聴くことでもある。そうした語りが進むうちに内省が深まる。過去から現在、未来へ軸が通る。クライ

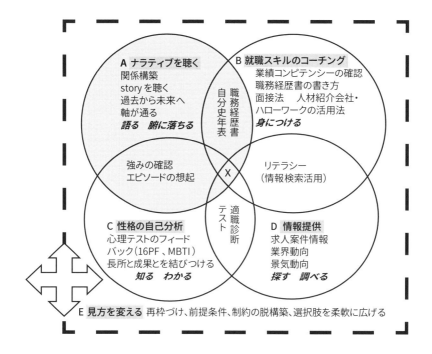

図2-11　キャリア・カウンセリングの援助の構造（廣川, 2006）

エントに起こることは「腑に落ちる」。

　B　就職スキルのコーチング：履歴書、職務経歴書の書き方や採用面接の受け方など、具体的なトレーニングである。人材紹介会社やハローワークの活用法なども含む。職務経歴書を作る過程で仕事の棚卸しを行い、強み、アピールポイント、業績やコンピテンシーの確認も行う。クライエントに起こることは「学習する、習得する、身につける」。

　C　性格の自己分析：自己理解を進めるために心理テストを実施、フィードバックする。米国で広く普及しているMBTIなどは、自分の性格特性と仕事の適性を考える上でとても有効なツールである。自分の性格、長所と会社での業績成果を結びつけ、職務経歴書や採用面接での説得力を増す。クライエントに起こることは「知る、わかる、気づく」。

D　情報提供：具体的・現実的な求人案件、業界動向、景気動向などのデータ、情報を提供する。キャリア・カウンセリングのクライエントが現実生活との着地を行うためにこれは不可欠である。クライエントに起こることは「探す、調べる」。

　E　見方を変える：全体を通して見方を変えるリフレーミング（再枠づけ）も必要である。クライエントはどうしても転職イメージや前提条件がこれまでの価値観、経歴に縛られやすい。別の価値観や観点も紹介して脱構築を図り、選択肢を柔軟に広げることも大切である。クライエントに起こることは「目からうろこが落ちる」。

　AとBの重なりには職務経歴書やそれに関する自分史年表がある。AとCの重なりは強みの確認、エピソードの想起、BとDの間には情報検索などのリテラシーが、CとDの間には適職診断テストなどが考えられる。

　ABCDEの5つの援助のうち、AやCの内的なキャリアにまで関わることは時間も手間もかかるが、クライエントが納得のいく生き方・働き方を選ぶためのライフキャリア・カウンセリングには不可欠である（廣川, 2006）。

(3) ナラティブ・アプローチの可能性

　ナラティブ・アプローチは発達障害がある人の就労支援にも有効なのではないか。斎藤 (2013) は次のように語る。

> 　ナラティブ・アプローチは、ある個人の"正しい診断"がなんであるかということを重視しない。彼／彼女についての診断物語は複数あり得ることを認める。そして特定の診断物語に彼を当てはめて理解するのではなく、彼の語りをまるごと尊重し、彼を物語る主体として尊重しようとする。しかし単に彼／彼女の語りを受容し傾聴するだけではなく、支援者も支援者なりの物語を構築していることを自覚している。彼／彼女への支援とは、彼／彼女と支援者の両者の語りを摺り合わせる中から、新しい物語を共同構成していくことであると考える。

また山本 (2016) は、発達障害がある人が生きる世界を表す物語と、支援者が支援者役割を生きるドミナントな物語が出会ったときに対立や軋轢が生じると述べ、当事者が当事者を支援する当事者同士の語り合いから生まれるオルタナティブな物語が必要だと指摘する。

　発達障害の傾向を持つ人たちの中には、独特の世界観を抱えて、就労に困難を抱えている人たちがいる。職場や支援者など周囲の人たちと折り合いながら本人にも腑に落ちる物語が作れたら、もっと就労支援も質が上がるのではないか、と筆者は今、考えている。

(4) 筆者の背景

　筆者は大学卒業後、進路進学誌や育児雑誌などを扱う企業で雑誌編集を担当してきた。1995年に異動や母の死を契機に中年の危機のプロセスが始まり、勤務の傍ら大学院で臨床心理学を専攻し、博士課程まで修了した。その後、社内では人事部に異動し、ヘルスケア部門の他、採用面接・教育研修・異動・昇格の業務も経験し2001年に退社した。

　自らの経験から中年危機や離転職には思い入れがあり、「ナラティブ・アプローチによる仕事と人生の物語の再生」（人生の語り直し）はライフテーマのひとつと考えている。

　人は人生のどこかの場面で岐路に立ち、転機（トランジション）を迎え、変化に適応するために、これまでの人生とは他の物語を再生していく。自己のアイデンティティとは、自分が何者であるかを、自己に語って聞かせる説話 (story) であると Rein, R. D. (1975) は言う。

　臨床哲学者の鷲田清一 (2002) はこう語る。個人のアイデンティティ（同一性）とは、自分がこういう人間であると納得できるストーリー、人生の軸である。それは人びとの間でもまれ翻弄される中で幾度も根底から揺るがされる。人生とは、自分を組み立てている物語を一度ならず語り直していくプロセスだといえる。

　現在の視点から過去を語るときに、「良き聴き手」が横にいることで、人は

過去の捉われに気づき、新たな再生の物語を紡ぐことができる。新たな物語が紡がれることで、現実世界で次の行動（エピソード）を起こそうとする意志や意図を共同で作っていくことができる。

　新たな環境に適応していくためには、「語り直す」必要がある。アイデンティティへの働きかけは、物語ることを通して意志と行動を育むのである。

参考文献

Harvey, J. H.（2000）*Give Sorrow Words: Perspectives on Loss and Trauma*. Thousand Oaks, CA: Sage Publications.（安藤清志（訳）（2002）『悲しみに言葉を――喪失とトラウマの心理学』誠信書房）

廣川進（2006）『失業のキャリアカウンセリング――再就職支援の現場から』金剛出版．

神田橋條治（1997）『対話精神療法の初心者への手引き』花クリニック神田橋研究会．

Kaufman, H. G.（1982）*Professionals in Search of Work: Coping With the Stress of Job Loss and Unemployment*. Wiley.

マクレオッド, J.（2007）『物語りとしての心理療法――ナラティヴ・セラピィの魅力』誠信書房．

村瀬嘉代子（2006）『心理臨床という営み――生きるということと病むということ』金剛出版．

小川洋子・河合隼雄（2008）『生きるとは、自分の物語をつくること』新潮社．

岡本祐子（2002）『アイデンティティ生涯発達論の射程』ミネルヴァ書房．

小此木啓吾（1979）『対象喪失――悲しむということ』中央公論社．

レイン, R. D.（1975）『自己と他者』みすず書房．

斎藤清二（2013）「発達障がいとナラティブ・アプローチ～大学における支援～」『季刊ほけかん　No. 61』富山大学保健管理センター．

鷲田清一（2002）『時代のきしみ――〈わたし〉と国家のあいだ』阪急コミュニケーションズ．

山本智子（2016）『発達障害がある人のナラティブを聴く――「あなた」の物語から学ぶ私たちのあり方』ミネルヴァ書房．

第3章
メンタルヘルス・EAPにおける
ナラティブ／社会構成主義アプローチ

松本 桂樹

1. はじめに

(1) AAからEAPへの流れ

　筆者は、ジャパンEAPシステムズというEAP専門機関にて臨床心理士として働いており、日ごろより顧客企業の社員、管理職、家族の方のさまざまな相談を受けている。

　たとえば働く人は、仕事が自分に合っていなかったり、職場の人間関係に問題があったり、メンタルヘルス不調になってしまったりすると、仕事に身が入らなくなり、仕事ぶりも悪くなってしまう可能性が高い。EAP (Employee Assistance Program：従業員援助プログラム) は企業等の組織との法人契約のもと、このような仕事ぶりに影響を与える諸問題を早い段階で専門機関につなげて解決の支援を行い、社員により良い仕事をしていただこうと目指すプログラムである。結果として、組織の生産性向上に貢献することも照準に置いている。

　EAPはアメリカにおいて、アルコール問題に対する支援から派生し発展してきたプログラムである。1935年6月10日、ビル・ウィルソンとボブ・スミスによって、その後、世界最大規模の自助グループに発展するAA (Alcoholics Anonymous) が誕生する。このAAの誕生は、アルコール依存症の専門治療にも、企業におけるアルコール問題対策にも多大なる影響を及ぼした。AAは「断酒したい」と願う者同士が集まって、自分の体験を語り、仲間の話を聴くという、ただそれだけのシンプルな場といえる。野口裕二氏はAAを「ナラティブ・コミュニティ」と表現しているが、難治ともいえるアルコール依存症を抱えた人たちが継続してAAに参加していると、驚くことに断酒が続き依存

症から回復するようになったのである。

　1940年前後よりAAによって回復したアルコール依存症者たちによって、自らの体験を活かして企業内外のアルコール依存症者を早期にAAにつなぐ試みが広がって行った。1940年代には米国デュポン社やイーストマン・コダック社がアルコール問題を持つ社員をAAにつなげ回復を促すプログラムを開始し、これが企業初のEAPと捉えられている。その後EAPは、その射程をアルコール問題だけでなく、「仕事に影響を与える諸問題」へと広げ、キャリアに関する問題も含め幅広い相談・対応を行うサービスへと変貌を遂げていき、欧米を中心に広く普及していった。

　日本には、1985年に日本生産性本部メンタル・ヘルス研究所によって紹介された。1990年代より民間のEAPプロバイダーが設立され、筆者が勤めるジャパンEAPシステムズは現存するEAP専門会社として最も古く、1993年から事業を行っている。

　EAPは大きく分けて、企業内で取り組む内部EAPと、企業外のEAP機関と法人契約を行う外部EAPに分類されるが、外部EAPはクライアント企業の実態に沿ったサービスアレンジが可能であり、いわゆる「メンタルヘルス指針」の事業場外資源として、主に企業のメンタルヘルス対策として普及・促進したといえよう。このあたりの詳細については後述したい。

　国際EAP協会が示しているEAPの定義およびサービスラインナップのガイドラインは表3-1、表3-2のとおりである。EAPのメインサービスは相談サービスといえ、契約企業の社員およびその家族は一定回数が無料（サービス費用は企業負担）で、しかも相談者のプライバシーには十分に配慮された形で提供されるのが標準である。「生産性向上」という目的のもと、複数の相談方法（電話・Web・面談など）を使って専門のカウンセラーに相談できるようになっている。

(2)アルコール問題とナラティブ・アプローチ

　先述したように、EAPは「アルコール問題がある人を、その人と同じ悩みを

表3-1　EAPの定義

1. 目的 EAPは、以下の2点を援助するために作られた職域におけるプログラム 　1）職場組織が、生産性に関連する諸問題に着手すること。 　2）従業員であるクライアントが、職務上のパフォーマンスに影響を与えうる個人的問題に気づき、解決をすること。
2. クライアント 　a）従業員ならびにその家族と認められるもの 　b）組織のリーダー 　c）組織全体

表3-2　EAPによる直接のサービス

A. 問題の確認・アセスメントとリファー EAPは、クライアントの抱える問題を確認しアセスメントを行い、適切な行動プランを作成し、必要な場合には問題解決に適した手段を推薦したり、適切な援助を行う機関へ紹介するものとする。
B. 危険への介入 EAPは、従業員、その家族、および組織の直面する危険に対し、機敏な介入措置をとるものとする。
C. 短期的問題解決法 EAPは、問題解決のための短期的措置をいつ行うか、また専門家や地方自治体の提供する手段への紹介をいつ行うかを決めるための手続きを定めるものとする。
D. モニタリングおよびフォローアップ・サービス EAPは、適正なフォローアップ・サービスと、クライアントの進展についてのモニターが行われるように保証する方法を定めるものとする。
E. 組織のリーダーのトレーニング EAPは、プログラムの目的や手続きならびに、プログラムに関する組織のリーダーの役割を理解し、意思疎通を図るために、組織のリーダーをトレーニングするサービスを提供するものとする。
F. 組織のリーダーへのコンサルテーション EAPは、組織のリーダーに対し、業務成績や行動および医療上の問題を抱える従業員を、EAPへマネージメント・リファーすることに関してコンサルテーションを提供する。
G. 組織に関するコンサルティング EAPは、従業員の心身の健康に強い影響を与える可能性のある問題、施策、日常業務および慣例についての相談に応じるものとする。
H. プログラムの推進と教育 EAPは、従業員、その家族と認められる者、および組織のリーダーがプログラムを躊躇なく利用できるような雰囲気を醸成するために、プログラムを発展向上させ、広報資料の作成や広報行事を行うものとする。

有するナラティブ・コミュニティであるAAにつなぐ」という活動から端を発して発展している。筆者自身も、もともとはアルコール依存症の専門医療機関に心理職として勤務し、AAで行われているグループミーティングと同様の形式で行われる集団療法にほぼ毎日参加をしてきた。

　自助グループであるAAのミーティングは、困っている当事者によって始められたものであり、もちろん医療における治療法ではない。ただ、AAで行われているミーティングは断酒に効果があるということで、そのミーティング手法は専門医療にも導入されている。つまり、アルコール専門医療において行われている「集団療法」は、AAとほぼ同じような手法で行われている場合も多いのである。最も大きく異なるのは、医療の集団療法には専門スタッフが参加しているという点くらいであろう。

　このミーティングの方法はいまだしっかりとした名称がなく、「AA方式」などと、なんとなく呼称されているのが現状である。筆者はこのグループミーティングの手法を「グループ・ナレーティング」と呼んでいるが、この進め方にはひとつ興味深い特徴がある。それは「人が話している間は、口を挟まないこと」というルールである。AAを起源にもつアルコール依存症者のグループミーティングでは、参加者同士の相互交流が制限されているのである。

　たとえばミーティングにおいて、参加者の1人が話をしているときに「あなたは、なぜ断酒しようと思ったの？」と質問をしたり、「あなたは、毎日AAに来ないとダメだよ」と否定やアドバイスをすることは禁止されている。このグループは「言いっ放し、聴きっ放し」の場となっており、討議は行われず、いわば「私を主語にしたナラティブの交換の場」となっているのである。これは非常に興味深い特徴だといえるだろう。

　数十年にわたり毎日、習慣的に酒を飲んで生きてきたアルコール依存症者にとって、酒を飲まない人生への転換は、容易なことではない。ただ酒を飲まなければ済むというだけの話ではなく、生き方の問題が大きく関わってくる。これまで「仕事が終われば飲む」「ストレスが溜まれば飲む」「飲んで愚痴を言う」「家族と話をするときは飲みながら」といった習慣もしくは環境のなかで

長年生活してきたアルコール依存症者には、酒なしで自分の話をする体験自体が非常に乏しい場合も多い。

　素面(しらふ)の人生を手に入れるためには、酒なしで自分を語れるようになることが必須といえる。グループミーティングには断酒を長く継続している「先ゆく仲間」もおり、その語りを聴き、その語りを参考に自らも自分のことを語っていくことになる。「先ゆく仲間」の語りは、長年にわたって染みついている自らのドミナントな習慣やストーリーに気づくきっかけを与えてくれる。そして、その「先ゆく仲間」の語りをひとつのテンプレートとしながら、自らも繰り返し自分のストーリーを語り直していくことで、素面で生きるためのオルタナティブなストーリーを構築していくことができるのであろう。

　これは、アルコール依存症に限ったことではない。人生で大きな転換が求められる状況において、新しい環境への適応のためにはナラティブ・アプローチが有効だと筆者は感じている。思えば、人が転機を迎える際には、儀式と懇談の場が用意されている。入学しかり、卒業しかり、結婚しかり、葬儀しかり。親しい人が集まり、昔を偲んで、未来の展望を語り合う。こういう場を通して、若い人は人生の先輩の語りを聴き、語りのテンプレートを得て、自らも試行錯誤して語りを成立させ、新しい環境へ適応していくのであろう。

　ただ、昨今は核家族化、儀式の簡略化、職場の飲み会の減少など、語り合う機会や場は縮小方向にあるといえよう。その半面、SNSの普及によってネット上にさまざまなナラティブ・コミュニティが展開するようになっている。つまり近代は、パロール(話し言葉)主体からエクリチュール(書き言葉)主体のコミュニティにシフトしたといって過言ではない。ICTの発展により、パロールを主体としたナラティブの交換機会が減ったことが、メンタルヘルス不調者の増加の背景にあるような気がしてならない。

(3) メンタルヘルス対策への適用

　アメリカで、企業のアルコール問題対策から派生したEAPは、日本では企業のメンタルヘルス対策における「事業場外資源」として発展した。ここでは、

企業のメンタルヘルス対策の現状を概観することで、社員理解を目指す認識論としての社会構成主義、また対応方法としてのナラティブ・アプローチがなぜ重要なのかを紐解いてみたい。

　企業におけるメンタルヘルス対策は、2000年に旧労働省より公示された「事業場における労働者の心の健康づくりのための指針」によって導入が促進された。バブル崩壊後の不況、そしてリストラの影響は、少ない人数で多くの業務をこなさなくてはならない労働状況を生み、心身の健康を崩す勤労者を増加させた。過労死・過労自殺の増加は、労災申請の増加、遺族による企業を相手取った民事訴訟の増加につながり、その結果、安全配慮義務違反によって企業側が敗訴する流れが高まったといえよう。

　「事業場における労働者の心の健康づくりのための指針」は、2006年の労働安全衛生法改正に合わせ、「労働者の心の健康の保持増進のための指針」として改正され今に至っている。企業が行うべきメンタルヘルス対策の中核は管理監督者による「ラインケア」であり、ラインケア活動の具体的内容は「職場環境改善」と「部下への相談対応」が二本柱として示されている。メンタルヘルスケアは、ラインケアを中心に活動が展開されてきたといっていいだろう。

　平成24年労働者健康状況調査でも、メンタルヘルスケアの取り組みとしては「労働者への教育研修・情報提供」（46.7%）が最も多く、次いで「管理監督者への教育研修・情報提供」（44.7%）、「社内のメンタルヘルスケア窓口の設置」（41.0%）となっていた。特に管理職に対して研修を行い、職場のストレッサーを把握・改善させ、かつメンタルヘルス不調が疑われる部下を早期発見・早期対応する方法を習得させる試みは、メンタルヘルス対策の中核であるラインケアの促進に寄与してきたと評価できる。しかし、今はメンタルヘルス対策のあり方に転換が迫られている。

　多忙な管理職に教育研修を行っていくには、まずはメンタルヘルス対策の重要性を示して管理職の受講モチベーションを高め、その上で分かりやすい対応方法や基準を示していく必要がある。これまでは管理職に対してラインケアの重要性を伝える際「しっかり面倒を見ないと部下がうつ病になる」「う

つ病は自殺の危険がある」「自殺したら億単位の賠償金が発生する」など、いわばリスクを煽る形で対策の意識づけが行われることが多かったといえる。

　心身の異変に意識を向け続けることで、さらにその異変が大きくなっていく悪循環は、「精神交互作用」と呼ばれている。卑近な例でいうと、大事な営業プレゼンの前に、緊張してトイレに行きたくなってしまう経験がそうである。プレッシャーから胃腸に違和感が発生し、「やばい！　やばい！」と意識を向けていると、さらに気になって余計に違和感が増してきて、実際に便意を催してしまう。そうしたことがあると、特に神経質な人ほど、次の営業プレゼンの際には「またお腹が痛くなったらどうしよう」と予期不安を発生させてしまう。予期不安は、より一層意識を胃腸に向けさせる作用をもたらすのである。

　管理職研修では、うつ病による自殺リスク・訴訟リスクを強調して注意を喚起し、「誰でも罹患するので、偏見を持つなよ」と諭しつつ、早期発見の重要性を説く場合が多いといえる。リスクを強調して不安を煽った後は、分類化された「早期発見すべき徴候」を一覧で提示し、その一覧を部下に当てはめて早期発見に活かすように指導していくことになる。そうなると、不安を喚起させられた上司としては、部下に少しでもリストに当てはまった徴候が見られた場合は、心配になってさらに敏感になっていくという、先述した精神交互作用と同様の、いわば「組織的精神交互作用」が生じる恐れが大きい。この「組織的精神交互作用」の発生は、メンタルヘルス不調の疑いに対してエネルギーを多く費やすことにつながり、管理職の負担感増大につながってしまう。

　まして「仕事はやる気がしないが、趣味はできる」といったように場面選択的に制止状態を示すとされる現代型うつの増加は、管理職の負担感増大に拍車をかけている。問題の早期発見的視点、リスク回避的視点で部下を観察すると、そもそも頼りない若手社員には多くの問題点が見つかってしまうであろう。問題を見つけ出そうという視点は、「問題」という画一的な基準を部下に当てはめる形で理解が進んでいく枠組みになる。リスク回避的視点は企業のリスクマネジメントとして重要な視点ではあるが、この視点を意識しすぎると、部下を全人的に理解することが妨げられてしまうといえよう。部下理

解のために、社会構成主義の認識論が必要な理由がまさにここにある。

(4) 変化への適応支援としてのナラティブ・アプローチ

　厚生労働省自殺・うつ病等対策プロジェクトチームによる報告書では、自殺・うつ病などの対策の柱が5つ示されている。そのなかの柱3に「職場のメンタルヘルス対策」が言及されているが、そこに「配置転換後等のハイリスク期における取組の強化」の必要性が記載されている。キャリアの相談をメインに受けているカウンセラーも、変化や適応がメインテーマとなって相談を受けることが多いと思うが、環境変化や転機はメンタルヘルス不調を引き起こすきっかけとなりやすい。

　自殺対策支援センターライフリンクの調査によると、自殺者は職業や立場によって自殺の危機経路に特徴が見られており、特に被雇用者の場合、「配置転換→過労＋職場の人間関係→うつ病→自殺」という流れが多く見られることが分かっている。また、「平成27年度における脳・心臓疾患及び精神障害等に係る労災補償状況について」によると、精神障害等の出来事別決定および支給決定件数一覧において「仕事の内容・仕事量の大きな変化を生じさせる出来事があった」という項目が最も高くなっている（「特別な出来事」の項目は除く）。ハイリスク期とは、これらの「配置転換時」「大きな変化が発生したとき」と位置づけられている。

　特に最近は、若年層の「コミュニケーション能力の低下」が危惧されている。2011年のリンクアンドモチベーションによる調査だと、経営者が感じている「近年の新入社員について、以前の新入社員と比べ最も悪くなった点」の1位は「コミュニケーション能力」(22.0%)となっていた。2位は「主体性」(21.3%)、3位は「ストレス耐性」(14.8%)と続いている。部下のコミュニケーション能力の低下は、管理職にとって部下理解を推進する障壁となるため、配属時などにコミュニケーションを高める「仕掛け」が大事といえよう。

　ところで、従来は「なぜ病気が発生するのか？」という疾病生成の機序が研究テーマとして多かったが、アントノフスキーは「病気になってもおかしく

ないような状況で、健康を維持できていた人は、どういう人か？」という健康生成の観点にて調査を実施し、健康獲得を可能にするファクターを発見している。それは「首尾一貫感覚(Sense of Coherence:以下「SOC」)」と呼ばれている。

SOCは平たくいえば、私たちが持っている、自分の人生を見るときの一貫した視点のことであり、把握可能感(comprehensibility)、処理可能感(manageability)、有意味感(meaningfulness)の3つの要素から構成されている。このなかで「有意味感」は特に重視されるファクターであり、「人生のなかで生じる問題や困難は、単なる重荷ではなく、力を注いで対処する意味がある挑戦だ」と考えることができる感覚が「有意味感」とされる。たとえば、上司に怒られたとき、そこで「あそこで叱ってもらえたおかげで重大なミスが回避できた」「あの体験で自分はまたひとつ学ぶことができた」など、意味を感じることができたら、受け止め方も違うはずである。

キャリア・カウンセリングと同様、職場のメンタルヘルス対策においても、「仕事の意味を語る」というポジティブかつナラティブなアプローチが、結果としてストレス耐性を育み、問題発生を抑制する効果を持ち得る。具体的には、環境変化や転機などハイリスク期にある社員に対してはコミュニケーション機会を増やし、そこでサポートを示しつつ、「仕事の意味を語る」ことができると、それがそのままメンタルヘルス不調の一次予防策になるものと考えている。

2. EAPにおけるナラティブ／社会構成主義アプローチ

(1) 変化への適応を目指したナラティブ・アプローチの実践

筆者が所属するジャパンEAPシステムズでは、ハイリスク期に上司－部下間で仕事の意味を語り合ってもらうコミュニケーションを「ビジョン・ナレーティング(Vision Narrating)」と名づけ、メンタルヘルス不調の予防や人材育成、キャリア開発に効果を持たせられないか試行し続けている。ビジョン・ナレーティングは、自分自身の生きてきた道程、キャリアなどを語ることで、過

去から現在までのつながりや連続性・一貫性、そしてその意味を認識し、その上で延長線上に未来へのビジョンを見いだしていこうとするアプローチである。

ナレーティングは英語のNarrateの現在進行形だが、日本語に訳すと「物語る」という動詞になる。内的なイメージだけで済ますのでなく、言語化・物語化せずに済ますのでなく、上司や同僚にも理解できるよう自分自身を語ってみることが、このアプローチの重要なところである。上司にも分かるように自分を語る、この語りの成功は、社会的にも認知され得る「同一性」の獲得につながると考えられる。

変化を体験した上で自らを語れたということは、変化を取り込んだ自分の物語が生成できたということになる。特に、上司に理解される「語り」を成立させることは、過去から現在に至るまでの連続性・一貫性を独りよがりでなく、社会的観点で確認することにつながる。そのプロセスは、自らの人生について再度意味づけを行うことや、オルタナティブな物語を紡ぎ出すことになると考えられるだろう。

現在、働く人を取り巻く環境が流動的で不確実なものへと急激に変化している。現代人が自分を見失わずに、変化の多い人生を乗り切るためには、自ら人生のストーリーを主体的に創造しなくてはならない。この主体的な語りを成立させる手助けが、今後のメンタルヘルス対策のあり方として最も重要だと感じている。

これまでメンタルヘルス対策において主流とされてきた方法との違いは、表3-3のとおりである。メンタルヘルスの問題は、慢性化した過重労働によって疲労困憊してしまった社員よりも、環境変化に適応できない社員に発生することが増えており、環境変化が発生した社員には、ナラティブ・アプローチを重点に置いた対応が重要と考えている。だが、語ってもらうための「場の設け方」が課題である。上司から「君を理解したいから、自分を語ってくれないか」と言われても、部下は気が引けてしまうであろう。

不調のサイン発見時に、部下とのコミュニケーションの場を設けてコミュ

表3-3 従来の対応との違い（松本桂樹（2014）より改変）

	従来の重点	今後の重点
目的	ストレス反応軽減	適応促進・キャリア開発
方法	Active Listening（傾聴）	Narrative Approach
対象者	「いつもと違う様子」の社員	変化が発生した社員
タイミング	不調発見時（都度）	変化発生後（定期的）
話題	具合の悪さ	仕事の意味
期待される機能	社会的支援として機能 ※上司が部下の不調の話を聴き、共感を示すことで、社員に「聴いてもらえた」「分かってもらえた」という気持ちを持ってもらうこと	社会的有意味感の醸成 ※上司が部下の新しい仕事の話を聴き、不明な点を質問し理解していくことで、社員に「上司に分かってもらえる語り」を成立させること
社員への効果	不安感の軽減・安心感	過去との連続感・有意味感
管理職の負荷	高い	高くない
構造	1対1が基本	1対1でもグループでも可能

ニケーション場面を設定することも難易度は相当高かったと思われるが、いかに部下に抵抗を持たれずにコミュニケーションが持てるかが対策の肝といえる。自然な流れで自分を語ってもらうには、異動など大きな環境変化が発生した社員は全員、上司が「仕事の意味」を部下に訊ねるミーティングを持つことを定期的に実施するのが望ましいと筆者は考えている。従業員の主体的なキャリア形成支援を目的に厚生労働省が普及・推進を図っているセルフキャリアドックの仕組みは、適応を支援する仕組みとしても最適と考える。「仕事の意味」を問う問いかけは、自然とプライベートのことも含めて部下自身の語りを引き出すことになる。

また、部下の語りを引き出すためには、管理職自身の「仕事の意味」の語りも伝えることができると、部下に「なるほど、そう語ればいいのか」と語りのテンプレートが与えられ、部下は語りやすくなるものだろう。アルコール依存症の自助グループのAAと同様、「先ゆく仲間」の語りを聴くことで、自らの語りも展開するものである。部下の語りが進み、それによって上司による部下理解が進めば、「この部下は、嫌なことはやりたがらない自己中心的なタイ

プだ」といった安易なタイプ論に当てはめて人を理解した気になる事態も減るものと思われる。

　ただし、喋りたがりの上司は要注意といえよう。自分が話してばかりで、部下に話をする時間を与えないと、部下は自分が語る機会が得られない。あくまで上司自身の語りは、部下に語りのテンプレートを示す手段として捉えておく必要がある。

(2) 具体的な取り組み事例

　メンタルヘルス対策において「仕事の意義を語る」ことの重要性を感じてもらうには、まずは管理職に対して研修を実施し、管理職自身が「意義を語ること」を体感してもらうことが近道だと筆者は考えた。そこで2010年に、某自治体の管理職468名に対し、メンタルヘルス不調の予防としてハイリスク期対応の必要性を伝えて、ビジョン・ナレーティングの体験実施を行った。

　本稿は、2014年に人材育成学会に寄稿した「メンタルヘルス対策における一次予防策の実践〜ハイリスク期における取り組み〜」において報告した内容を、考察などで多少の改変を行ったものである。グループで語ることの体験（グループ・ナレーティング）をしてもらい、その効果を実感してもらった上で、特にハイリスク期の部下とのコミュニケーション促進に活かしてもらうことが研修の目的であった。

　概要は、以下のとおりである。

【対象】某地方自治体管理職（係長級）468名。なお、本自治体では係長も管理職として位置づけられている。
【期間】2010年10月〜12月の間で、計12回実施（平均参加者39名）。
【構成】対象者は、前年度にメンタルヘルス不調の早期発見および傾聴の重要性に関する研修を受講済み。今回の研修は2時間半の時間で実施された。研修の前半は現代型うつの特徴（早期受診・場面選択的な制止・自己中心的など）を解説すると同時に、管理職としてのセルフケアの重要性を伝え、後半

に今回取り上げるナレーティングを実施した。講師はすべて筆者が担当した。

【内容】詳細は、おおむね以下①から⑩のプロセスのとおりに進めた。グループ・ナレーティングは、アルコール依存症の自助グループであるAAに似た方式で、話し手は順番に自分のことを話し、他のメンバーは黙ってそれを聴くというグループスタイルをとった。

①グループ分け

1グループの人数は、7、8名〜最大で10名までとし、円形に座ってもらった。

②簡単な自己紹介

グループ分けの後には、まず簡単な自己紹介を順番にしてもらった。

③講師によるテーマ・進め方・ルールの説明

語りのテーマは「今の仕事は、あなたの人生にとってどんな意味がありますか？　語ってみてください」と統一して教示した。「私」を主語にして語ってもらいたいことを説明し、立派な語りを求めているわけではないことを強調した。進め方としては、司会者を設定し、司会者の合図で一人ひとり順番に話し進める形で進行するように教示を行った。

また、進め方のルールとして、「話している間は、口を挟まない」「批判をしない」という2点を必ず守ってもらうように指示した。ナレーティングは、過去から今へとつながっている経験や思いを周囲の人に分かるように語っていくプロセスのため、誰かに口を挟まれたり意見をされたりすると、語っている内容がその相手に説明する方向へと逸れてしまうことを説明。「黙って聴いているだけだと違和感があるかもしれないですが、意見を言ったり質問したりせず、ただ聴いてください」と教示をした。

④グループ内の役割(進行役・記録役・最初に話す役)の明確化

「進行役」は、グループの中で一番の若手の職員にお願いした。謙虚な姿勢で進行してもらえる効果を期待。進行係がいることで、安心して自分の語りに集中できるものと考えられる。「記録役」は、希望者を募ったりジャンケンしたりしながら、自由に決めてもらった。記録役には、後で発表してもらうことを事前に伝えた。さらに「最初に話す役」を決めてもらった。グループの力動として、最初に話す役があっさり話をしてしまうと、グループ全体があっさりと終わってしまう可能性が高いといえる。最初に話す人は、グループの中で最もベテランの方にお願いをした。

⑤講師による各役割の注意点教示

役割決めの後には、進行役に対し、「各メンバーが話し終わった後にコメントを出したりせず、順番に回していくようにお願いします」と教示した。また、所定時間内に早く1周してしまった場合は、2周目に「語ってみた感想」を話してもらうよう補足。加えて最初に話す役には、意識して5分くらいは話をしてもらうように依頼をした。

⑥講師自身による語り

グループ・ナレーティングに先立って、講師自身が「今の仕事が自分の人生にどんな意味があるのか」を語った。講師自身がまず語ることで、語りのテンプレートを示すことになると考えられる。語る内容は事前に準備せず、各参加者と同様の条件で、その場で考えて率直に話をした。語り終えた余韻のなかで「それでは各班の進行役の方、進めていただいてよろしいでしょうか」と進行役に任せた。

⑦グループ・ナレーティング開始(約50分)

一人ひとり順番に「仕事の意味」について語ってもらった。

⑧ナレーティング終了後のフォロー

語った後の照れや罪悪感をフォローするため、「『うまく話せなかった』など、いろいろな思いが残っている可能性があると思いますが、たどたどしい語りほど、聴いている側として愛着を感じたはず」など気持ちをフォローする説明を行った。

⑨記録役の感想発表

記録した内容をまとめるのではなく、各班の記録役の感想を語ってもらった。記録された内容は、そのグループだからこそ開示された個人情報も含まれるため、詳細内容を発表してもらうのでなく、一番集中して話を聴いてもらった記録役にナレーティングの感想を述べてもらった。

⑩総括

出された感想を踏まえ、ナレーティングの意義を再度確認し、個別のコミュニケーションの応用方法・注意点を伝えた。1点は、お互いが「私」を主語に語ることが重要で、「あなた」という主語で部下にいろいろと意見をしてしまうと、部下の語りが過去とのつながりではなく、上司の問いに対する説明へシフトしてしまうこと。もう1点は、部下には上司が理解できるように語ってもらうことが大事なので、上司は意見をするのでなく質問をすることは大切であること。2点をシンプルに解説し、ハイリスク期の部下との面談に活かしてほしい旨を伝えて終了した。

(3) 調査の結果と考察

回収した自由記述によるアンケートは研修参加を証明する記録紙としての機能も果たしていたためか、回収率は100%(468名)であった。アンケートを内容別に分解・整理を試みたものが表3-4である。参加者が語った内容の詳細を取り上げることは控えるが、「収入のため」「生活のため」といった自分自身の意義の他に、最も多く語られていて印象的だったのが「この地域の暮ら

表3-4　アンケート回答の内容（重複あり）

項目	内容
1. 実践への意欲表明（168名）	「職場でナレーティングを活用していきたい（91名）」「上司として職員が気分転換できるような環境作りをしたい（38名）」「時間・環境等、難しさはあるが実践していきたい（21名）」「コミュニケーションを円滑にしていきたい（13名）」など
2. 話を聞いてプラスになった（88名）	「話を聞くことで自分自身の参考になった（28名）」「聞くことの重要性に気づいた（22名）」「語ることのセルフケア効果を実感した（16名）」「口を挟まず聞くことの重要性がわかった（10名）」「聞く・語ることの大切さを知った（6名）」「同じ気持ちで安心した（6名）」
3. 自分を語ってすっきりした（87名）	「重要性の認識（25名）」「人間関係の構築に期待できる（15名）」「語る難しさ（13名）」「カタルシス効果（11名）」「理解されることが喜びになった（8名）」「ストレスの軽減（6名）」「ナレーティングによる心地よい体験（5名）」「語ることへの負担感（2名）」など
4. セルフケアの重要性を認識（73名）	「セルフケアを心がけていきたい（58名）」「管理職として自身のセルフケアが必要（13名）」「セルフケアへの疑問（2名）」
5. 場を持つことが難しく職場展開が不安（61名）	「制度・時間的困難さ（15名）」「難しい（15名）」「受容力への不安（8名）」「本音を出すことの難しさ（7名）」「実践するにあたっての要望（5名）」「職員の要因による困難さ（4名）」「場所・環境による困難さ（4名）」「ストレスにつながることへの懸念（3名）」
6. 人を理解できて有効だった（40名）	「他者理解のきっかけとして有効（26名）」「皆が似た体験をしており、相互理解ができた（6名）」「他者を理解することの楽しみを知った（6名）」「理解されることへの喜び（2名）」
7. 親近感を感じた（37名）	「初めて会った人とも不思議と親密になった（27名）」「雰囲気が和んだ（4名）」「心の窓が開いた（2名）」「管理職として自ら語ることの重要性を知った（2名）」「自己開示への戸惑い（1名）」「語ることは世代継承につながる（1名）」
8. 自分の気づきと成長について（35名）	「自分自身の振り返りとなり、成長につながると感じた（30名）」「ナレーティングの難しさと自信の低下（5名）」

しやすさを高めること」「自分も地元に育てられたので、この地域に貢献したい」といった内容であった。研修が始まる前の職員の緊張した表情と、研修が終わった後の晴れやかな表情との差異が印象的であった。

表3-4を見てみると、2位「話を聞いてプラスになった（88名）」と6位「人を理解できて有効だった（40名）」は聴くことの効果といえる。また、3位「自分を語ってすっきりした（87名）」と8位「自分の気づきと成長について（35名）」は語ったことの効果といえる。分類方法に厳密さを欠くが、聴くことの効果の記載が計128名、語ることの効果の記載が計122名と、ほぼ同程度であった。語ることの効果は、語りを成立させるための聴き方なくして得ることはできず、語ることの効果と聴くことの効果は両者密接につながっているといえよう。

本研修は、まず管理職自身に「仕事の意味」を語ってみてもらうことで、語ることの重要性の認識を踏まえ、かつその後の部下に対する実施展開をイメージしてもらうことであった。アンケートに書かれていた、特に「語ること」にまつわる意見を細かく見ていくと、表3-5のようにまとめられた。特に「客観視」「連続感」「主体化」の3点は、社会的成熟に寄与し得る大事な要素と考えられる。

自分を語るには、まず自分の感覚に目を向け、目を向けた感覚を言葉に換え、人が理解できるように言葉を構成して発話するという内的プロセスが必

表3-5　仕事の意味を語ることの意義

- ストレス発散の効果がある（発散）
- カタルシス効果がある
- 自己の客観視ができる（客観視）
- 物事の見方が変化する
- 他者視点に気づくことができる
- 過去からの連続性を発見できる（連続感）
- 主体的に問題と向き合える（主体化）
- 意味を見いだすことができる

要となる。他人に理解されるように語るため、体験が客観的に捉えられ、実際に語って伝わることで、カタルシスと同時に「伝えようと思えば伝えられる」という効力期待、加えて「伝えれば人に理解される」という結果期待が高まっていくものと想像できる。もちろん、理解してもらえた人からは具体的なサポートも得られる。語りにおいては、人の語りを聴き、それを踏まえて語り直すことによって、自分の感覚にフィットしたより適切な言葉が見つかるはずである。

相手に理解され、かつ自分の感覚にフィットした言葉を紡ぐ作業は、過去と未来を語りでつないでいく作業ともいえる。人は大きな変化を体験するとき、何らかの儀式を経ることが多いことは先述したとおりである。成人式しかり入社式・歓送迎会しかり葬儀しかり。大きな変化が生じる際は、親しい仲間で集まり、語り合い、過去を偲び、未来を展望する。過去と未来の間に大きな不連続が発生する際、語りで体験をつないでいく作業は、古からの知恵だといえよう。連続感が持てれば、適応はさらに促進される。

また、「私」を主語にして語る作業は、「会社が」「上司が」ではなく「私が」と仕事の物語を語り直す作業といえる。会社のミッションや上司からの指示を、やらされ感をもって遂行するのでは負担感も高くなる。「私は」を主語に語ってみる作業は、主体化を促す機能を持つと考えられる。先のリンクアンドモチベーションの調査結果においても、経営者が新入社員に求める素質は、1位「コミュニケーション能力」、2位「主体性」となっている。2大育成課題ともいえるポイントに対しても、育成に寄与できる可能性がある。

また、語ったことから派生して生まれる効果は、表3-6のとおりであった。理解が深まり、親近感を感じ、信頼感が上がるという意見が見いだせた。「私」を主語にした素朴な語りは、仲間の過去と今の仕事をつなぐ縁や由来を確認できることも相まって、お互いの愛着が強くなるものと感じられた。話の中身に自分との共通点を多く見いだすことができれば、それだけ好感度も高くなり、かつ将来的なコミュニケーションにもつながっていくことが期待できる。コミュニケーションの促進は日々の業務における具体的な課題解決へと

表3-6　語ったことから生まれる効果

- お互いの理解が深まる
- 親密性を獲得できる
- 話す人への配慮を考えるようになる
- 信頼関係ができあがる
- コミュニケーション意欲が湧く
- 具体的サポートが得られる
- 相談しやすい環境へと変化する
- 世代継承ができる

つながると同時に、仕事の意味を共有する集団にとっては、技術伝承・世代継承にも円滑につながることが想像できる。

(4) ビジョン・ナレーティングの課題

　研修アンケートにおいては、「どういう風に語らせたらいいか分かったので、実際に試してみようと思う」といった「実践への意欲表明」が最多の168名から記載があった。しかしその一方で、「場を持つことが難しく職場展開が不安」という声も61名から寄せられていた。余裕のない管理職を想定し、負担のないアプローチ方法を想定したつもりではあったが、「係長職として時間的余裕のないなか、実践は困難」「日々の仕事に追われ、なかなか時間を作るのは難しい」という意見や、「ちゃんと話が聞けるかどうかが不安」という意見も見受けられた。確かに新人や異動者に対して慣れない面接に時間が取られるのは、どうしても負担を感じてしまうものであろう。

　また、「人の話を共感的に聞けるかどうか不安」という声と同時に、「実際に語ること自体がストレスとならないか疑問」「どこまで私的なことを話してよいのか悩んだ」という意見も複数見られた。仕事の意味を語ろうとすると、関連する自分自身の私的な体験も掘り起こされる。「公私」の分け目はそもそも基準が曖昧だが、ハイリスク期の取り組みは、よく知らない者同士がお互い探りながらコミュニケーションを取る形にならざるを得ない。

コミュニケーション方法を細かく指定すると、コミュニケーションを取る側には負担感が強まることが予想できる。本来は普段の関わりのなかで、社員とコミュニケーションを取ることができれば、あえて個別に時間を取らないでもよいといえる。普段から雑談などインフォーマルなコミュニケーションも含めて会話が交わされれば、そもそも相手のプライベートな話はいろいろと出てくるはずである。部下がどのような趣味を持ち、どのようなことが好きか分かることは、理解が深まり、親近感が高まることにもつながるだろう。

　ただし近年は、飲み会なども含めたインフォーマルなコミュニケーションが減っており、そういうなかで管理職はコミュニケーションが不得手な若手社員と関係を構築していかなければならない。これまでインフォーマルな場面で入手していた情報は、ある程度フォーマルな形で入手しようとしないと、理解が進まず適応も進みづらい。ハイリスク期のコミュニケーション実施は、フォーマルな形で制度化を進めていくことが大きな課題といえる。

　ただ、メンタルヘルス対策の一次予防アプローチは、不調が発生していない社員に対するアプローチとなる。不調を来していない社員に「メンタルヘルス不調の予防のため」と銘打って面談を実施しても、社員側に抵抗感を高めてしまうであろう。負担なく聴き、抵抗なく語ってもらうためには「メンタルヘルス不調の発生予防」などと掲げるのでなく、適応促進なりキャリア開発支援なり仕事の意義確認など、ポジティブな目的の伝え方が必須といえよう。

　さらに、目標管理における個別面談が定式化されているのと同様、ハイリスク期対応は「新人配属時は、仕事の意味を確認する面談を実施するもの」と定式化させ、定期的に実施することが重要な課題といえる。部下の不調を捉えて面接を実施するのは、不調を捉える難しさと、面接に誘う難しさが発生する。特定の業種でない限り、部下との面接機会を持つこと自体が、そもそもハードルの高いことといえる。筆者の感覚では期間は3ヵ月程度、頻度は2週間に1回程度(30分以内)で定期的に枠組みを持つことをひとつの想定として

いるが、これは職場状況なり管理職・社員の負担感を加味して設定する必要があるだろう。

　定式化は形骸化のはじまりともいえるかもしれないが、ハイリスク期にコミュニケーション機会をしっかりと持つだけで、間違いなく上司－部下間の相互理解は促進していく。その語りは将来、身近なパロールによるナラティブ・コミュニティを育て、ひいてはソーシャル・キャピタルの創出につながっていくものと期待できる。

3. おわりに

(1) 目指すビジョン～専門性を脱構築し自助へと再構成

　筆者は、もともと心理系の大学・大学院にて主に精神分析、家族療法の勉強をし、大学院修了後、1995年にアルコール依存症治療の専門クリニックに常勤の心理職として就職した。アルコール依存症は家族や職場全体を巻き込む病でもあり、アルコール医療には家族療法やシステムズ・アプローチ、ソリューションフォーカストアプローチなどを専門にする専門家たちが多くいた。

　先述したとおり、クリニックに入職後はAAに倣った集団療法漬けの毎日となり、いわゆるAAスタイルの「言いっ放し、聴きっ放し」グループミーティングに参加し、その上で夜もよく患者に付いていろいろな地域のAAや断酒会にも出かけて行った。AAに参加する際、筆者自身は当事者ではないので、オブザーバーのような立場での参加であった。しかし、勤務先のクリニックの集団療法では、筆者自身も「私」を主語に自分のことを語ることが求められた。

　「自分のことを何でもいいから語れ」と指示されても、当初は何を語ればいいか分からず、自分を語るとはどういうことかも分からず、自分を表現する言葉も知らず、いつも戸惑いうろたえていた。患者さんの語りはとても参考になるものの、「私自身はアルコール依存症ではないから」という言い訳で、自分の何の話をしたらよいのか分からず、集団療法の場では心理学の理論を

用いて、自らの心の現象の心理学的な解説に終始するばかりだった記憶がある。なかなか自分の言葉で自分のことを語れず、不全感に苛まれる日々だった。この集団療法の何がいいのか、本当にこの方法が専門的にも意義深いのか、不安に思う日々が長く続いた。

　現場に出てしばらく経ち、AAが起点となる、この「言いっ放し、聴きっ放し」のグループがなぜ患者の断酒に効果があるのかを、思い切って自らの出身大学の大学院の教員でもあった東京学芸大学の野口裕二教授に質問しに行ったことがある。野口先生は都立松沢病院のアルコール病棟でソーシャルワーカーとして勤務していた方であり、同様のグループに長く参加していた。アルコール依存症者に関わった体験がナラティブ・アプローチに傾倒した原体験になっているようであった。

　そのときに、「ナラティブ」という言葉を耳にした記憶が残っている。1996年出版の『アルコホリズムの社会学』は何度も読み返していたが、この本にはまだ「ナラティブ」という言葉が書かれていなかった。野口先生をフォローしていたら、何か分かってくるのではと注目をしていたところ、1998年以降、野口先生が出版された訳本、書籍などに「ナラティブ」「社会構成主義」の言葉が増えていき、筆者もそれらの言葉を追いかけていった。難解な書籍が多かったが、社会構成主義の考え方も、フロイトの心的現実論や現存在分析論、家族システム論など、自分が学んできた理論の流れのなかで、自然に位置づけられたように思われる。

　「ナラティブ」という言葉を頼りにさまざまな文献を紐解くなかで、物語ることの意義が体感的になんとなく分かるようになっていった。社会構成主義は「本質なんてものはない」と断じてしまう、実態の見えづらい相対主義ではあるが、もともと筆者は安易なタイプ論が好きではない性質だったので、患者理解を目指す認識論としても自分にフィットしていると感じた。専門性に拘泥して自分を語れずにいた筆者は、社会構成主義を知ることによって「私自身が感じたことをそのまま話していいんだ」と専門性を手放す勇気を持て、「私」が私でいることに自信を持てたように感じる。

そもそもアルコール専門医療の集団療法は、自助グループであるAAが発祥なのに、専門性にこだわっていた自分が滑稽に思えた。その後、仕事の重心はアルコール医療からEAPへとシフトしていったが、私が私でいる感覚は保持して、今でも仕事ができている感覚がある。自分にとって、仕事のなかで達成したいのは「自助による支え合い」である。今の仕事であるEAPが目指す目標としては、「実際にはEAPの専門的支援がなくなっても、顧客組織にEAPが内在化され、支え合いが根づくこと」と表現できるだろう。自らの専門性を脱構築し、外在化させ、再構成して「自助による支え合い」へと内在化させていくことが使命だと感じている。

　そのプロセスは、視覚的には図3-1に示されるとおりである。(a)は、職場の中で不適応が生じつつある状況を示している。職場不適応や不一致が継続すると、この不一致者は徐々に職場の中で孤立していってしまうであろう(b)。そうこうしていると、徐々に出勤できなくなってしまったり、勤怠問題に発展していくことが多い。対応する上司も負担を感じ、徐々に疲れていってしまう(c)。こうなってしまうと、職場の中で不一致者を抱えておくこと自体、他の社員にも悪影響を及ぼしてしまう。いったんは職場から離れ、専門家に任せる必要が出てくる(d)。

　不一致者としては、医者から病名を伝えられたり、専門家から自分の状態を専門的に説明されることで不一致の理由を得る。いわば自分の問題を外在化されることになる。たとえば、医者から「うつ病」と伝えられることで、自分が問題だったのでなく、問題が「うつ病」だったと知る。そして、その「うつ病」という言葉を手掛かりに、まつわる専門家や、同じ「うつ病」の仲間を得ることができる。その人たちとコミュニケーションをとることで、「うつ病」を抱えるに至った自らのストーリーを振り返り、かつ「うつ病」を抱えながら生きていくストーリーを再構成していくことができる(e)。

　(f)は、職場復帰をしていく局面を示している。不一致者自身が外在化された「うつ病」を再構成していったのと同様に、職場としても外在化された不一致者を職場に再構成することになる。受け入れる際のキーパーソンとなるの

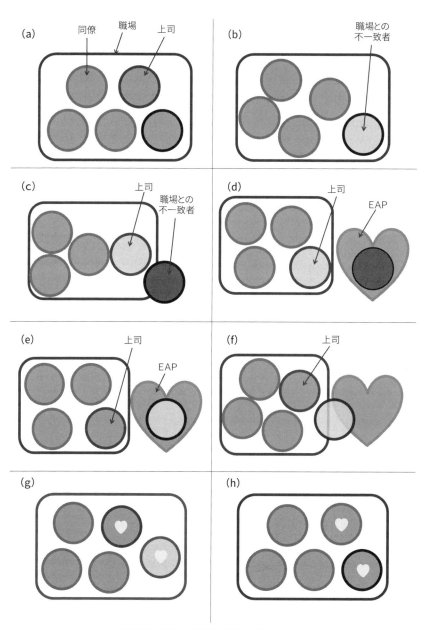

図3-1 自助による支え合いのプロセス

は上司であろう。その社員が「うつ病」を抱えるに至ったストーリーや、「うつ病」を自ら再構成したストーリーを示すことができると、上司自身がその社員を受け入れる助けになると考えられる。こうして外在化された「うつ病」もしくは「不一致者」を再構成するに至ったストーリーは、それぞれの内的な現実となる(g)。

　EAPは導入初期においては、問題の肩代わりをする外的存在として活用されることが多い。職場の中で抱えきれない問題をEAPが受け止める。だが、困難な事態を外部の専門家に丸投げして委ねるだけでは専門家の依存が高まるだけで、インクルージョンできない。中期には、徐々にEAPの支援を組織が取り込んでEAPが内在化されることを目指す。再構成して内在化されるために必要なことは、分かりやすく現象を整理・説明し、職場にも問題の包容力を高めてもらうこととなる。そうして、最終的に外的存在として活用されなくても支え合いが残る状態(h)が目指すべき姿といえる。

　その際、サバイバーとなった社員と関わった管理職は、その克服体験をもとに支援者として機能することで、その後も自律的に支え合う組織のキーパーソンとなることが理想といえるだろう。ここまで達成できることが筆者の目標となっている。

参考文献

Antonovsky, A.(1987) *Unraveling the mystery of health: How people manage stress and stay well.* San Francisco: Jossey-Bass Publishers. (山崎喜比古・吉井清子(監訳)(2001)『健康の謎を解く――ストレス対処と健康保持のメカニズム』有信堂)

Employee Assistance Professionals Association (1997)「EAPA基準およびEAP専門家のためのガイドライン」(http://eapaj.umin.ac.jp/guideline.html) (2016年10月10日閲覧).

特定非営利活動法人自殺対策支援センターライフリンク(2008)『自殺実態白書2008』.

川上憲人(2011)『労働者のメンタルヘルス不調の第一次予防の浸透手法に関する調査研究　平成22年度総括・分担研究報告書』厚生労働省厚生労働科学研究費補助金労働安全衛生総合研究事業.

厚生労働省(2006)『労働者の心の健康の保持増進のための指針(平成18年3月31日付け基発第0331001号)』.

厚生労働省自殺・うつ病等対策プロジェクトチーム(2010)『誰もが安心して生きられる、温かい社会づくりを目指して〜厚生労働省における自殺・うつ病等への対策〜』.

厚生労働省 (2015)『平成27年度における脳・心臓疾患及び精神障害等に係る労災補償状況について』.
厚生労働省 (2013)『平成24年　労働者健康状況調査の概況』.
株式会社リンクアンドモチベーション (2011)『2011年「経営者が求める人材について」の調査報告』.
松本桂樹 (2010)「ポジティブ・メンタルヘルス」ジャパンEAPシステムズ (編)『ビジョンを紡ぐ──ゆとり教育世代のポジティブ・メンタルヘルス』中部経済新聞社.
松本桂樹 (2012)「ハイリスク期に焦点を置いたメンタルヘルス対策における一次予防策の実践」『日本人材育成研究』7, pp. 99-105.
マクナミー, S.、ガーゲン, K. J. (編) 野口裕二・野村直樹 (訳) (1998)『ナラティヴ・セラピー──社会構成主義の実践』金剛出版.
野口裕二 (1996)『アルコホリズムの社会学──アディクションと近代』日本評論社.
野口裕二 (2002)『物語としてのケア──ナラティヴ・アプローチの世界へ』医学書院.
野口裕二 (2009)『ナラティブ・アプローチ』勁草書房.
労働省 (2000)『事業場における労働者の心の健康づくりのための指針 (平成12年8月9日付け基発第522号の2)』.
渡部昌平 (編) (2015)『社会構成主義キャリア・カウンセリングの理論と実践──ナラティブ、質的アセスメントの活用』福村出版.

第4章
生徒・学生に対する
ナラティブ／社会構成主義キャリア・カウンセリング

渡部 昌平

1. はじめに（生徒・学生支援でナラティブ／社会構成主義
##　　キャリア・カウンセリング技法を導入する利点と課題）

　実際にキャリア・デザインの講義や就職ガイダンスなどにナラティブ／社会構成主義キャリア・カウンセリングの技法を導入してみると、生徒や学生の反応がとても良いことに気づく。「自己理解せよ」「自己PRを考えよ」「企業研究せよ」といくら言葉で強く何度も伝えてみても、高校までにそんなことをしたことがない学生はどう反応してよいか分からず、答えられないし動けない。しかし、ナラティブ／社会構成主義キャリア・カウンセリングの定まった質問形式（ワークシート：図4-15～4-18などを参照）があれば、今の生徒や学生でもそれなりに答え、それなりに動くことができる。学園祭や部活、友人関係など過去の特定の場面を思い出させることで、生徒・学生がそのとき楽しんで取り組んでいた役割、頑張っていたこと、好きだったものが容易に想起されやすくなるし、自分の興味や関心、価値観、人生観がそれらの行動に反映していることに気づく。

　また、キャリア・デザインの講義以外（例えばコミュニケーションなどの講義）でも、生徒・学生にコミュニケーションの重要性を言葉で伝えて「コミュニケーションせよ」と言っても動かないものが、ナラティブ／社会構成主義の技法を用いることで、生徒・学生は自分の資源や能力ひいては「未来に必要なもの」に気づきやすくなり、コミュニケーションを前向きに捉えやすくなるように感じている（解説は後述）。

　例えば、ナラティブ／社会構成主義キャリア・カウンセリングでは「尊敬した人（ロールモデル）」や「好きなテレビ番組・雑誌」「好きな物語（本、映画）」な

どの定まった質問を通じてクライエントの興味や関心、価値観、人生観を掘り起こしていくため、カウンセリングの知識や経験がない就職支援担当者でも、慣れてしまえばクライエントの興味や関心、価値観、人生観に容易にたどり着きやすい。クライエントが沈黙することも少なく、相談終結に至るまでの時間が短い。定まった質問をワークシート化することで、集団実施やメール相談も可能となる。標準化されたものではないため、厳密な採点も評価も不要である。すなわち誰もが今日からでも実施可能であり、評価や採点に関して特殊な技術も業者への金銭の支払いも発生しない。

キャリア・ガイダンス(就職ガイダンス)などで集団実施をする場面では、1対1のカウンセリングのようにその場で相手の疑問に答えたりフォローアップしたりすることが困難なため、筆者の場合、たくさんのワークシートを並行して実施することで個人個人に対するヒット率を上げるようにしている。また質問・疑問に答えたり例示を多く挙げるようにしたり、机間指導(=教室を歩き回りながら生徒・学生の様子を観察・介入する)を行ったりして、「書けていない生徒・学生」に声をかけるようにしている。

就職相談の場面では、大学生は応募締切ギリギリになってから履歴書やエントリーシートを持って来たり、面接試験直前に面接練習に来たりする。このため、「じっくり時間をかけて相談する」ことが難しい場合も多い。こうした1対1の就職相談の場面でも、(傾聴というより)積極的に質問を投げかけることで早期の終結が期待できるナラティブ／社会構成主義キャリア・カウンセリングは大学生に非常に有効である。

このように、生徒・学生に対するキャリア形成支援の各場面でメリットが多いナラティブ／社会構成主義キャリア・カウンセリングではあるが、課題(ナラティブ／社会構成主義キャリア・カウンセリングに限ったことではないが)は「ない袖は振れない(=ない経験は語れない)」ということである。自信のないもの、不安があるものは前に出てこない。知識や経験に自信がない生徒・学生も少なからずいるため、「今、自信がないから何もしない」ではなく「未来に自信を持ちたいから今、何かをする」のだ、「将来が不安だから動けない」ではなく

「将来に不安を持たなくて済むように今、何かをする」のだ、などの勇気づけをしていくこと／意識して経験させていくことにも気をつけている。「公務員になりたい」「安定した企業に行きたい」という生徒・学生には、「どういう公務員（社会人）になりたいか」「どういう人に公務員（安定した企業の社員）になってもらいたいか」「あなたならどういう人を公務員（安定した企業の社員）に採用するか」と問うようにしている。

　生徒・学生に限らず、人間はどうしても楽なほう、楽しいほうに流されがちであるが、このようにナラティブ／社会構成主義キャリア・カウンセリングを「あってほしい未来から、過去・現在を再構成する」「あってほしい未来のために、現在や過去を使う」というスタイルとして生徒・学生に伝えながら用いることによって、生徒・学生の興味や関心、価値観、人生観を整理し、生徒・学生を未来に向けて積極的・行動的にすることができると感じている。

　以下の記述では、主に大学生について記載していくが、中学生・高校生にガイダンスを実施した経験から、ナラティブ／社会構成主義キャリア・カウンセリングは中学生・高校生に対しても基本的に同様に効果的だと筆者は感じている。ただ、中学生や進学予定の高校生の場合は、就職活動が遠いことを踏まえて、就職や企業の具体的な話（業種や職種）を詰めるというよりも、「自分はどんな人間で、将来どんな人間になりたいか」とか「現在の興味・関心を踏まえて、将来どんな知識や経験を積みたいか」というような、進路選択に利用できそうな「自分の軸探し」を中心に進めている。

本章で用いられている用語について

　本章では、Savickasの「キャリア構築理論」、Cochranの「ナラティブ・アプローチ」、Peavyの「ソシオダイナミック・カウンセリング」、MacMahon & Pattonの「コントラクティヴィスト・アプローチ」などに代表されるナラティブ／社会構成主義キャリア・カウンセリングだけでなく、「ブリーフセラピー」「解決志向アプローチ」「ナラティブ・セラピー」などの用語も用いている。

　技法の類似性から筆者は個人的に図4-1のように考えているが、この他

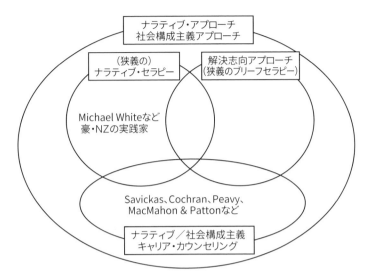

図4-1　各用語の関係

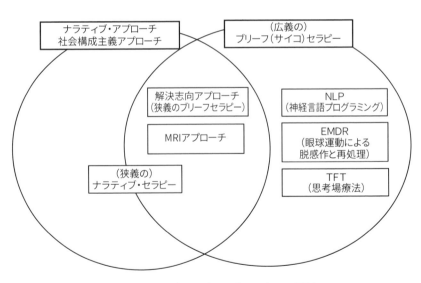

図4-2　広義のブリーフ（サイコ）セラピーとの関係

「(広義の)ブリーフ(サイコ)セラピー」という定義もあるため、用語の整理が難しい(図4-2)。本章では、ナラティブ(クライエントの語り)を引き出して「あってほしい未来」を考え、「あってほしい未来から現在・過去を再構築する過程」をナラティブ／社会構成主義キャリア・カウンセリングと定義し、類似(技法的に重複)する技法も取り上げているので、ご理解いただきたい。

2. 私のナラティブ／社会構成主義理解

(1) 個人的な社会構成主義の理解

　社会構成主義とは「人は、周囲から与えられた意味あるいは自らが与えた意味に従って社会を理解し、それを再構成し、それに基づいて思考・行動する」という人間理解に関するメタ理論である。別の言い方をすれば、個人の学習は他者や環境との相互行為によって成り立つとも言える。すなわち周囲の人からの評価や周囲の人たちとの関係の中で、その行為の意味が個人の中に形成されていくのである。そして、その大きな物語に沿って人生を歩んでいくこととなる。重要な他者あるいは体験の影響を受けて、思考・行動のパターン(ドミナント・ストーリー)が形成されるかもしれない(図4-3)。

　仮に重要な他者の影響で「自分はダメだ」と自己評価をしたとすると、それに合った「親によく怒られた」「学校の教師にもよく怒られた」「成績も良くなかった」「友達も少なかった」というような個々のエピソード(小さな物語)を想起し、自分の評価を正当化(大きな物語化＝ドミナント・ストーリー)していくかもしれない。

　「自分はダメだ」という大きな物語を作った学生は、「ダメな自分は、人に迷惑をかけないように発表や質問はなるべくしないようにしよう」「リーダーにはならないでおこう」「人の後ろにいて迷惑をかけないようにすればいいや」と重要な経験をしないままに人生を送るかもしれない(図4-4)。人生の重要な選択も流れに任せたり人に任せたりして、「自分からは選択しない」ようにするかもしれない。

いろいろなエピソードはあるが

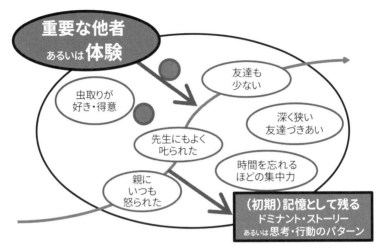

図4-3　社会構成主義に基づく人間理解

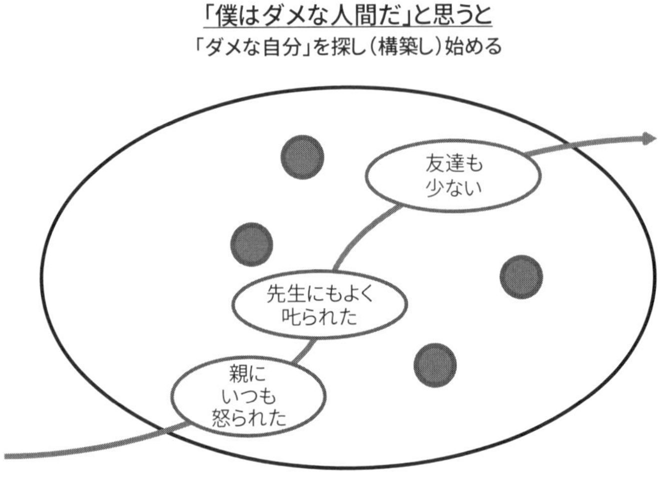

「僕はダメな人間だ」と思うと
「ダメな自分」を探し（構築し）始める

図4-4　「自分はダメな人間だ」という物語

「自分はダメだ」という学生に対し、カウンセラーが「そんなことはない」と伝えても、それはクライエントの否定にしかならない。
　一方、同じような経験（環境）をしていても、人により受け取り方は当然に異なる。「親によく怒られた」「学校の教師にもよく怒られた」「成績も良くなかった」「友達も少なかった」別の学生は、「大人は分かってくれない」「周囲の人間も理解してくれない」「自分は正しいのに、この社会のほうが異常だ」という意味づけをするかもしれない。このように、その人の態度・行動の形成に重要なのは、客観的事実というよりも個人の「意味づけ」のほうである。
　同じような経験をしたとしても、人によってその「経験の意味づけ」は異なってくる。後からの振り返りや考え直し、また後からの異なる経験（例えば小さい頃大きな犬に出会って怖いと思っていたものが、その後子犬と戯れることで犬に対する感情が変化する等）によっても、経験の意味づけ（例の場合は犬への感情・思考）は変わってくるかもしれない。違う例で言えば、小中学校の頃に算数・数学が得意だった人は「僕は数学が得意だ」というアイデンティティを持つかもしれないが、高校に入って数学が難しくなって解けなくなると「数学が得意だ」というアイデンティティは変化を余儀なくされるだろう。ある人は「数学は得意ではなくなったが、でも相変わらず好きだ」となるかもしれないし、ある人は「数学は得意でなくなった。これからは数学や数字はできるだけ避けて生きていこう」という人生のストーリーになるかもしれない。
　また「自分はダメな人間だ」と自己評価をし、目立たないように、何もしないようにと育った学生も、「いい部分」「ダメじゃない部分」を当然に持っている。例えば、本人も（周囲も）注目していないかもしれない「集中力がある」「狭いが深い人間関係」などの部分である。それら「オルタナティブ・ストーリー」（＝ドミナント・ストーリーではないもの）が語られないままに自己の中に残っているというふうに社会構成主義では考える（図4-5）。語られなかったオルタナティブ・ストーリーは、啓発的な人との出会いや啓発的な体験、重要な進路決定の岐路など、何らかのきっかけで気づかれて「新しい（別の）大きな物語」になるかもしれない。

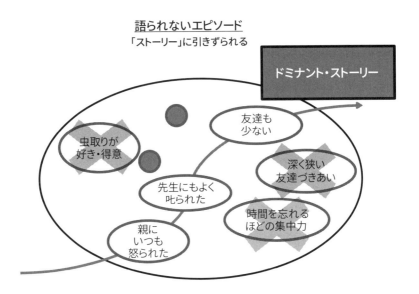

図4-5　語られないエピソードが残っている

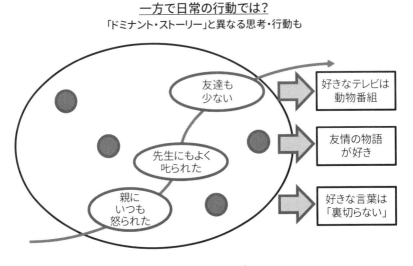

図4-6　埋もれている「何か」

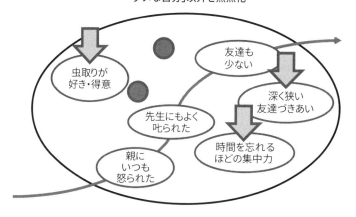

図4-7　キャリア・カウンセリングによる新たな物語の(再)発見

　しかし多くの場合、オルタナティブ・ストーリーはそのまま自己の中に埋もれてしまっている(図4-6)。これを意図的に掘り起こして適応的な未来を構築しようとするのが、ナラティブ／社会構成主義アプローチなのである(図4-7)。オルタナティブ・ストーリーを掘り起こすことで自分自身が作り出している不幸の連鎖(ドミナント・ストーリー)からの囚われを外し、より自分自身や環境に適応的に生きていこうとするのである。

　人には誰でもいつかどこかに「好きなもの／こと」「楽しかったこと／場面／時間」「感心・感動したこと」「頑張ったこと」があるだろう。それらを想起して「自分にとってどういう人生を送ると幸せ／満足と思えるか」「これからどういうもの／こと／価値観を大切にしていきたいか」「そのためにはこれから何をしたらいいか／何をしたいか」と考える(＝語られていない自己の中にある未来のための資源を探す)ことで、未来に向けたキャリア構築をイメージするのがナラティブ／社会構成主義キャリア・カウンセリングの考え方である。すなわち、環境(＝社会的背景)への適応にはもちろん配慮するが、自分自身の感情や気持ち(＝生物的・心理的背景)にも適応していくことを重視していこう

とする考え方である。

　ナラティブ／社会構成主義アプローチは、こうした人間理解を踏まえて、効率的・効果的に、また未来志向的にクライエントの問題解決を目指そうとするアプローチをいうものと筆者は考えている。すなわち、ナラティブ／社会構成主義アプローチ自体は技法というよりも人間理解の方法であり、カウンセラーのあるべき態度を指すと考えたほうがいいように思う。他の技法を否定するものでなく、他の技法と併存し得るメタ理論であると考えている（事実、ナラティブを扱う『ポジティブ認知行動療法』（北大路書房）などの書籍もある）。

　個人的偏見も含めて説明していくと、ナラティブ／社会構成主義アプローチでは、「ブリーフセラピー」を名乗る実践家が存在するように短期的な効果・効率を求め、事実認定や論理性を重視しない。もう少し詳しく説明すれば、「クライエントが言ったことは事実か否か（論理的かどうか）」ということはあまり気にせず、とりあえずクライエントの言ったことはそのまま用いる、といえば分かりやすいだろうか。

　また「解決志向アプローチ」を名乗る実践家が存在するように、過去・現在の「問題」やその原因に焦点を当てるというよりも、未来の「問題解決」に焦点を当てる。このため、過去の原因から現在の問題に至る「因果関係」は重視せず、逆に未来の問題解決から見て現在・過去の「解決できそうな資源」を探すことに注力する。従来のカウンセリングが「カウンセラーがクライエントの問題の因果関係を理解してから進む」のに比べると、そもそも問題の因果関係の把握の部分をすっ飛ばしていることになる。

　例えば「自信がない」というクライエントに対し、「この人は過去の成功体験がなく、自己肯定感・自己有用感がないから自信がないのだ」という過去からの因果関係をまったく考えず、また「あなたが自信がないと思っているのは不合理な思い込みですよ」とクライエントの考えを否定することもせず、「現在や過去に、自信があった／少なくとも自信がないとは思わなかったことや時期はありますか？」（例外・差異探し）、仮になくとも「未来に自信を持つ

ためには、これから何をすればいいと思いますか？」（今と違うことをする）というような質問をして、未来の問題解決を引き出す現在や過去の資源を探すことに注力する。

　クライエントの抵抗にどう対応するかに注目すると、従来のカウンセリングとの違いが明確になるかもしれない。従来のカウンセリングでは、問題を持つクライエントに対し、クライエントを「変えよう」とする。クライエント自身が変わりたいと思っていれば問題は少ないが、クライエントが変わりたいと思っていなければ、それはカウンセリングやカウンセラーへの「抵抗」として表れるかもしれない。カウンセラーはクライエントに対して「問題を抱えているのに、変わろうとしないクライエント（≒クライエントが悪い）」というネガティブな印象を持つかもしれない。ややもすれば、クライエントに「変わるべきだ」というメッセージを伝えるかもしれない。

　一方、ナラティブ／社会構成主義アプローチでは、とりあえずクライエント自体を肯定し、同時に未来の解決を志向するため、「来たくなかったと思いますが、よく来ていただきましたね」「変わってほしいと思っているのは、どなたですか？」「その問題が起きるのは、どのような状況ですか？」などの質問を通じて、問題・原因とクライエントをセットで考えず（問題をクライエントに包含されたものと考えず）、むしろ問題・原因とクライエントを分離（外在化）しようとする。問題・原因とクライエントを分離することで、クライエントの抵抗も減少し、治療同盟が作りやすくなる（図4-8）。

　なお、キャリア・カウンセリング（就職相談）の場面では、現在の日常生活では特に適応上の問題がないということが多い。解決志向アプローチは「現在に問題がある場合」には分かりやすく実践できると思うが、キャリア・カウンセリングの場面においては、現在というよりも「将来につながる選択が分からない／選べない」ことが多いように思う。このため「尊敬する人、憧れた人（ロールモデル）」や「好きなテレビ番組、雑誌」「好きな本や映画」（はたまた職業カードソートやライフライン）などの構造的なインタビューを通して、クライエントが未来に向けて持ち続けたい興味や関心、価値観を明確化していく。

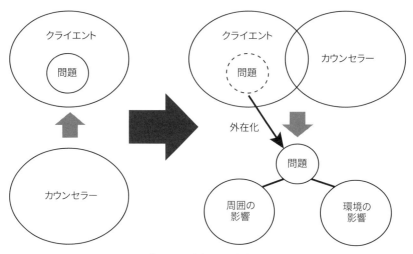

図4-8 「問題」を外在化し、治療同盟を作る

このように、キャリア・カウンセリング分野のナラティブ／社会構成主義アプローチは、技法的には解決志向アプローチなどとは異なることをしているように見えるが、実際にやっていることは「(過去からの因果論は気にせずに)未来の問題解決を引き出す現在・過去の資源を探すことに注力する」ということであり、その本質には同様のものが含まれていると考えている。

従来のカウンセリングにおけるアセスメントが、カウンセラーがクライエントの現在や過去の問題を把握して「カウンセラーが因果論を理解するために」用いられることが多いのに比べ、ナラティブ／社会構成主義アプローチでは、アセスメントはカウンセラーとクライエントが協働作業としてクライエントの望ましい未来を構築するために用いる。そこに大きな違いがあるように筆者は思う。当然、その実践でも「(カウンセラーが)過去からの因果関係を整理すること」には力を入れず、「(クライエントの)望ましい未来の構築」を優先するため、短期間で効果的・効率的に終結しやすい。

もちろんナラティブ／社会構成主義アプローチにも限界や課題があるが、それはまた後ほど詳しく説明したい。

(2) 意味を掘り起し(あるいは作り出し)、未来につなげる

　ナラティブ／社会構成主義キャリア・カウンセリングでは、クライエントとのやりとりやクライエントへの質問等を通じて、未来や現在の意味が掘り起こされていったり、新たに定義されたりしていく。

　ヒトは基本的に快不快原則に基づいて苦痛や不快、不安感を避ける。すなわちゲームやマンガ、お酒などの、一時的な享楽のほうにはまりやすい傾向にある。しかし「野球が上手になりたい」と思えば、ランニングやつらい練習にも自主的に取り組む。「医者になりたい」と思えば、数学や理科が苦手でも取り組むし、塾や家庭教師につくかもしれない。未来や未来につながる現在に意味が生じれば、その意味に基づいて積極的に行動しはじめる。

　「あってほしい未来」を考えることで気持ちも前向きになりやすく、「あってほしい未来に向けて今使える資源」を考えること、「あってほしい未来に向けてこれから頑張っていくこと」を挙げていくことは、現時点の行動としては苦痛や不快、不安もあるかもしれないが、「未来につながる努力」という意味が生じることで「頑張れること」「頑張りたいこと」になる。

　このように、社会構成主義の考え方は、教育・訓練にも馴染みやすい考え方である。教育的観点からクライエントに関わる場合、もしくはカウンセリング場面の中で「宿題を出す」場合にも、ナラティブ／社会構成主義の考え方が有効であることが理解できると思う。

(3) 未来の生物的・心理的・社会的な適応に向けて

　人は必ずしも現在の自分のことを客観的に評価できているわけではなく、主観的な評価においてむしろ自分のことを(または／合わせて周囲の環境のことを)否定的に評価している人も少なくない(図4-9)。その評価が、場合によっては未来に向かって個人に不利に働くことがある。例えば、「未来への不安」「現在の自信のなさ」に由来する消極性や後ろ向きな態度・行動・言動である。また、例えば「周囲への評価の低さ」による、周囲への協力や感謝の不足である。せっかくの周囲の資源を活用しきれない場合も出てくるだろう。

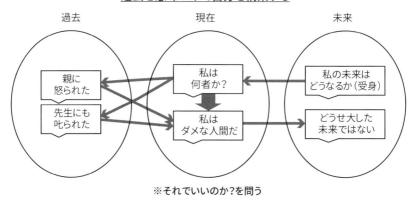

図4-9　否定的な自己評価は否定的な未来を生む

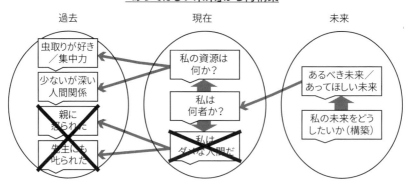

図4-10　「あってほしい未来」から現在・過去を再構築する

　誤解を恐れずに言えば、ナラティブ／社会構成主義キャリア・カウンセリングでは、「今、ここ」を必ずしも重視しない。ナラティブ／社会構成主義キャリア・カウンセリングにおける「今、ここ」は、あくまで「あってほしい未来に向けた通過点」であって、どういう未来を構築したいかというほうを優先する。すなわち「今、自信がないから何もしない」ではなく「未来に自信を持ちた

いから今、何かをする」と考えるのであり、「未来が不安で何をしていいか分からない」ではなく「未来の不安をなくすために、今何かをしておく」と考えるのである（図4-10）。

　「今、生物的にも心理的にも社会的にも適応できているし、これからの未来も間違いなく大丈夫」という人はそのままでも十分に良いのかもしれないが、これから社会に出るであろう多くの若者、またすでに社会に出ている社会人でも「今も生物的にも心理的にも社会的にも適応できているし、これからも着実に適応できる」と自信を持って言える人は少ないのではないだろうか。

　例えば仮に納得した上で転職した人にしても、転職してしばらくは「我慢しきれなかった」「前の会社の同僚を裏切った」「敗北して逃げ出した」というイメージを持つ人が少なくないように思う。過去も現在も未来までもすべてに自信満々という人は、想像以上に少ないだろう。そういう人たちに対して「未来に向けて、今よりもっと適応していこう」「これから少しでも自分にとって居心地のよい未来を作っていこう」と一緒に考えていくのが、ナラティブ／社会構成主義キャリア・カウンセリングの醍醐味であると考えている。

(4) 実践に向けて

　例えば、自分の赤ちゃんが目の前で泣いていれば、誰だって何かしようとするだろう（図4-11）。

　機嫌のよい状態（あるいは泣いていない状態）になってもらうために、機嫌のよい状態（あるいは泣いていない状態）に持っていこうとするだろう。こうした「泣いていない状態」（例外・差異・意味／影響）探しを通じて、対応していくのである。誰も「泣いているのは、赤ちゃん本人が悪い」「だから放っておくべきだ」とは言わないであろう。「泣くのは、おむつが濡れていたり、お腹が空いていたり、何らかの違和感があったり、（赤ちゃん自身のせいではなく）周囲の環境などのせいだ」と赤ちゃん自身と問題とを切り離して考えるだろう（外在化）。こうした対応をすべての事例に拡張して考えると、分かりやすい（※この説明のアイデアは、森俊夫先生の書籍から拝借している）。

因果論にこだわり続けるよりも、とにかく「今と違う状態」を（まずやってみよう）

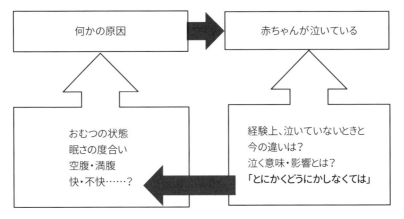

図4-11　泣いている赤ちゃんを前にして

　例えば「Bちゃんとケンカしたので、学校に行きたくない」という児童Aちゃんがいたら、どうすればいいだろう（図4-12）？　いきなり「学校には行きなさい」とか「Bちゃんと仲直りしなさい」では、Aちゃんも素直に納得できないだろう。

　Aちゃんの話を聞きつつ、逐次、例外・差異・意味／影響探しの質問をしながら、Aちゃんと一緒に「あってほしい未来」を考えていくことができるだろう。それが分かれば「これからやるべきこと」も分かってくるだろう。その際には「Aちゃんが悪い」という自罰ではなく、「Bちゃんが悪い」という他罰でもなく、「関係性（の理解）や周囲の環境（の理解）などにも問題があった」（問題の外在化）とすることが効果的・効率的な解決を生じやすい。

　この例では質問を通じてBちゃんの気持ちや性格、Bちゃんが好きなこと・嫌いなこと、自分の好きなこと・嫌いなこととBちゃんのそれとの違い、学校の好きなところやそうでないところに気づき、Aちゃんが自分なりの対処法に気づいていくかもしれない。今後Bちゃんと仲直りできるかもしれないし、Bちゃんと一定の距離を置くかもしれない。それはAちゃんが判断すればい

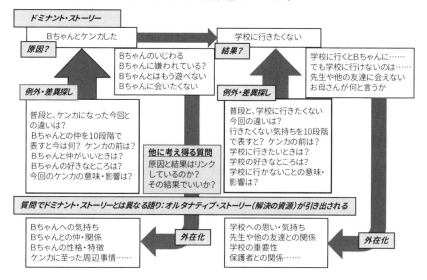

図4-12　友達とケンカして学校に行きたくない児童を前にして

いことである。

　日常生活で「ちょっと困っていること」の解決も、同じように進めることができる。贔屓(ひいき)の球団が負けると「お前のせいだ」と絡む夫に軽く悩んでいる妻が、「まあ大したことではないから」とこれまでは我慢していたが、せっかくなので解決方法を考えるとする（図4-13）。

　このケースでは上記のような質問を通じて、例えば「夫の機嫌がいいときは美味しいおつまみを食べてお酒を飲んでいるとき」なので「贔屓の球団が負けたときのためにおつまみを用意しておく」とか「普段から美味しそうなおつまみレシピを探しておく」とか、「贔屓の球団が負けた瞬間に立ち会わない」ように「実家に帰る」とか、「我慢せずに言い返す」「『絡まれると悲しいです』と伝えてみる」「いっそ『そうです、私のせいです』と認めてみる」などの対応が考えられるかもしれない。それらをクライエントとともに考え、今と違う

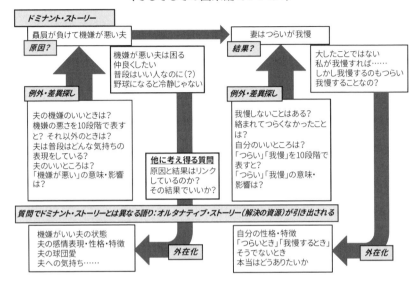

図4-13　贔屓の球団が負けると「お前のせいだ」と絡む夫に悩む妻を前にして

「クライエントができること」をしてみるのである。実は質問されることによって、夫や自分、そして夫と自分との関係を、第三者的に冷静に見ることができるようになるのである。

　学生に対するキャリア・カウンセリングも基本は同じである。仕事か否かにかかわらず過去に好きだったことや熱中した「例外・差異・意味／影響探し」をして、それがなければ「今までと違うことをする」、「選べない」や「自信がない」をクライエントの問題（自罰）とせず社会のせい（他罰）ともせず、今までの環境や周囲との関係性などに問題があった（問題の外在化）として質問を続けていくのである（図4-14）。

　なお、解決志向アプローチの実践家は「例外・差異探し」を中心に進めるかもしれないし、ナラティブ・アプローチの実践家であれば「（クライエントにと

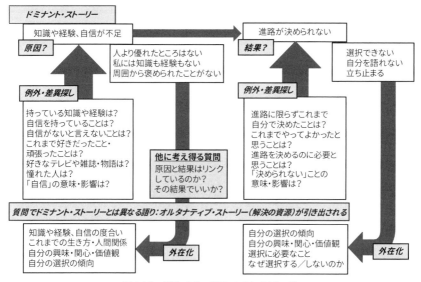

図4-14　学生のキャリア・カウンセリング

っての) 意味・影響の確認」を重視するかもしれない。

　これまでの傾聴主体のカウンセリングや職業適性検査・興味検査主体のマッチングと異なり、質問を多用することでクライエントの語りを引き出すことが可能となり、またこれら質問が構造化されているためカウンセリングに方向性が出やすい。熟練のカウンセラーだけでなく経験の少ない就職支援担当者でも活用しやすい考え方だと感じている。

3. 生徒・学生支援におけるナラティブ／社会構成主義

(1) 近年の大学生の特徴・傾向

　大学の規模や専攻、所在地、偏差値等により学生の特徴・傾向は少しずつ異なるが、近年の学生はおおむね真面目であり(講義の出席率は良いし、言われた

最低限のことはする)、リスクを嫌い周囲と同じ行動をするように感じている。正直に言えば予習や復習の時間は短いし、サークルなどの課外活動は一部を除き積極的ではなく、一方でアルバイトは比較的多くの学生が経験している(一部の学生は経済的理由によるものか、アルバイト時間が長い。例えばA大学では、4割の学生が週10時間以上のアルバイトをしている)。

　学生の幼稚化・コミュニケーション能力の低下を指摘する教職員は少なくなく、学生を「昔の中学生レベル」とまで言う教職員もいる。確かに怒られて泣く男子学生もいるし、へそを曲げて口を利かなくなる学生もいる。体を使って暴れる学生は少ないが、何もしなかったり引きこもったりする学生は少なくない。大学からのメールには反応しないし、ドタキャンも日常茶飯事である。学生同士の付き合いもあまり濃密なものは見られない。良くも悪くも、ケンカも議論も少ない。学生とラーメン店について談義する時など、「そこは普通っスよ」「そこはヤバいっす」と少ない語彙を用いた返答が来て、美味しいのかどうか判断に迷うこともある。

　語彙量や感情表現はさておき、実は彼らはネット等からの情報収集能力が高く、凄惨な事件などでは新聞に書いていないような情報まで知っていたりする。「絶対にうまくいくマニュアル」「正解がすぐ手に入る辞典」を求める学生も多いが、これは大人社会を反映したネット社会の影響のようにも思う。薄く広く、もしくは特定のマニアックな情報という意味では、大人顔負けの情報量である。そうして情報量が増えたなかで、ものごとを判断する力、取捨選択する力のほうは不明である。自分で判断したり友人と議論したり、というよりはネット上の「正しい」情報に踊らされている面もあるのかもしれない。

　一方で、周囲への同調圧力は強いように感じる。卑近な例だが、ほしいゲームを買ってくれるよう、また見たいテレビを見せてくれるよう親に主張するときに(これは過去もあったことだろうが)「みんなが持っているから」「みんなが見ているから」という若者は少なくない。逆に考えれば、「みんなと話をするために」「みんなと遊ぶために」その媒体を求めるのである。LINEなどの参加率はとても高い。LINEのために夜更かしをする学生もかなりに上る。友人

との複数プレイのスマホゲームのために授業を犠牲にする学生もいないわけではない。「そうでない者」「参加しない者」に対する排他性が強いのかもしれないが、残念ながら個人的にそこまでの確証はない。

　こうして書いてみると、「個性や特徴のない、皆と同じを好む、マニュアル化された若者」のイメージがついて回るかもしれないが、しかしじっくり話してみると、例えば食品志望の学生の中では「私は味よりも何よりも、例えば卵を入れて加熱すれば膨らむとか固まるとか、物理的・化学的変化が面白い」とか「誰かに美味しいと言ってもらうのが嬉しいので、人には料理を作るがひとりのときにはあまり料理を作らない」とか、「何よりもお菓子が好き。辛いときも楽しいときもお菓子と一緒」とか、「バレンタインデーに1個しかチョコを作らない女が理解できない。私は材料を多めに買ってきて、いろいろなレシピを試しながら、一番うまくいったものをプレゼントしている」など、それぞれの個性が出てくる。ゲームが好きな男子学生にしても、「友人との貸し借りを前提に、友人たちが持っていないゲームソフトを選んでいた」などと話す若者もいる。我が長男も最初に買ったゲームソフトは、好きだったイナズマイレブン（超人的なサッカー漫画）のソフトではなく「みんなでできる」Wii Partyだった。ゲームを「みんなでやるもの」「みんなでやりたい」と捉えていたのである。

　要は教職員と学生という関係の中で、もしくは大人と学生という関係の中で、学生の個性や特徴を引き出しきれていない可能性があるのである。また学生自身も、自分の個性や特徴を理解しきれておらず、周囲に伝え切れていないように思う。個性や特徴が尊重されにくい（もしくは個性や特徴を出さないほうがリスクが少ない）学校生活の中で、意識して（または無意識に）個性や特徴を隠しているのかもしれない。小中高では「問題のない子」「問題を起こさない子」が良い子とされる中で、質問したり疑問を呈したりする児童・生徒は目立ち、嫌がられるのかもしれない。

　一方で大学では自主的な取り組みが期待され、社会人になればさらに自主性だけでなく、積極性ややる気までもが求められる。大学生活においては、自

主性・積極性への切り替えが必要であるが(個性の発揮が求められるが)、一部の積極的な学生を除いては高校までの「受動的な生活」のままで過ごす学生も少ないとは言えない。その結果、「家と学校の往復」という学生も多く、特に就活初期に苦労する学生も少なくないのが現状である。就活時期になってようやく「積極性ややる気を出さなければ」「個性を発揮しなければ」「コミュニケーションができないと問題だ」と気づくのである。

　インターンシップや就活、また卒論ゼミなど「大人や先輩たちとの交流」を通じて、学生は一気に大人へと成長していく。時期的にも、学生本人の「やらなければならない」「頑張らないと就職できない」という気持ちが働くのだろう。しかし1、2年次では部活や活発なサークルにでも入っていない限り、「停滞期」を迎えかねない。理系の場合、幸いなことに早い段階で実験や演習が入り、毎週のようにレポートが課されるため、一定の基礎・専門能力が早めに付きやすいようである。ただ積極性、コミュニケーション能力については残念ながら文系同様、先延ばしになっている。そのせいか、最近は多くの大学で「導入教育」「初年次教育」「キャリア教育」など、低学年から学生の義務的参加・補習的教育を増やす傾向にあるようだ。実は関係者にはよく知られていることではあるが、小規模大学など「学生をこまめに積極的にかまう大学」のほうが就職率が良い傾向にある(そして退学率が低い傾向にある)。

　現代の学生に対しては成長に資する各種イベントを用意するだけでなく、「将来どうなったら楽しいか」「そもそもあなたはどういう人間で、どういう興味や関心、価値観、人生観を持っているか」など、自らの人生や未来を問う必要がある。そうした問いを投げかけることで、学生は将来について前向きに考えるようになり、ひいては現在の思考や行動が活性化される。何の仕掛けもせずにインターンシップに送り出しても、「参考になった」「勉強になった」という感想で終わらせてしまう学生は多い。単に送り出すだけでなく、「将来どうなりたいか」「そのイベントはあなたの未来にとってどういう意味を持たせることができるか」「あなたは今後、その意味をどう現実化していくことができるか」という時間展望(未来展望)を問い、学生自身がその問いを自

分のこととしていく必要があるのである。*1

(2) 生徒・学生支援の特徴・傾向

　生徒・学生にキャリア形成支援を行う上では、現在・過去の学生の興味・関心や能力を「引き出す」という面と、未来に向けてそれらを「伸ばしていく」「作り上げていく」面の2つがある。中高年の転職支援が現段階での実績や知識・経験を基盤とするのに対して、生徒・学生に対してはより未来志向的というか「ポテンシャルを伸ばす方向で」「前を向く勇気をつける（未来に向かって伸ばす）方向で」考えていかなければならないと考えている。

　事実、多くの生徒・学生は（一部のアルバイト等はさておいて）実際の仕事（職業）体験が少なく、職業や業種・職種に関する知識はおろか、働くに当たってのロールモデルを持っていないことが多い。結果として「どんな仕事がしたいか」「どんな仕事ぶりをすることが望ましいか」を答えられる学生は少ない。そうしたことを、「これまでの職業に類似した体験（例えばクラスや部活での役割分担や友人との人間関係など）」を振り返りつつ考えさせることが重要になってくる。

　社会人に必要とされる能力は、マナー・礼儀作法だけではない。それらの能力が不必要とは言わないが、必要性や意味が理解できれば事後的にでも十分成長できる。むしろやる気とか積極性、コミュニケーション能力などの基礎的な部分が企業から求められており、それらを授業・講義や課外活動を通じてつけていく必要がある。それはキャリア教育科目やインターンシップに限らず、通常の授業・講義や学園祭などの学校イベント、部活、サークル、友人関係まで含まれるかもしれない。

　また生徒・学生支援（特に大学生支援）のもう1つの特徴として、「短期性」が

---

*1　過度な「やりたいこと志向」を問題視する向きもあるが、確かに狭い選択肢に捉われていると「就職できない」「就職してリアリティショックを受ける」こともあるかもしれない。しかし、「人を喜ばせたい」「ものづくりが好き」のような大枠の価値観・人生観をつかむことで、こうした問題は起こりにくいと考えている。社会（入社した企業の仕事）と摺り合わせをする必要はあるものの、自分の興味や価値観をある程度明確にしておくことは大切だと考えている。

挙げられる。大学生はエントリーシート申込締切ギリギリになってようやく相談に来る。就職相談のその場で仕上げないと締切に間に合わないものも少なくない。「じっくり腰を落ち着けて傾聴する」というよりも、その場で志望動機や自己PRを完成させなければならないのだ。そうすると、ややもすれば大人たる就職支援担当者が作文をしがちになるが、それでは本人が本番で自分の言葉で語ることはできず、「本番で使えない」ことにもなりかねない。いかに効果的・効率的に大学生本人から言葉を引き出すかが、相談の重要な鍵となる。

そこで効果的なのが、質問を用いて語りを引き出し再構築していくナラティブ／社会構成主義キャリア・カウンセリングであると考えている。

(3) 生徒・学生に対する
ナラティブ／社会構成主義キャリア・カウンセリングの方向性・メリット

ナラティブ／社会構成主義キャリア・カウンセリングのメリットの第一はその効率である。Savickas (2011) は通常3回程度のカウンセリングで終結するとしているが、クライエントの発言を「待つ」のではなく、構造的なインタビュー等を用いてカウンセラーから積極的に質問していく形式は、クライエントの興味や価値観、能力、適性を早期に明確化しやすい。また、構造的なインタビュー形式はワークシート化しやすい。すなわち集団での実施が容易である。

一部を例示してみたい。「将来をどう選べばいいか分からない」という生徒・学生は、低い学年ではかなり多いし、高学年になっても少なくない。しかし生徒・学生も、自ら選択していろいろな体験をしてきている。それをこちらから「学園祭とか文化祭とか合唱コンクールとか、部活とか委員会活動とか、また授業でも受験でもいいし、友人や家族とのイベントでもいいので、これまで楽しかったこととか頑張ったこととか、思い出して書いてみて」と例示しながら、書き出してもらうのである（図4-15）。これによって自分がどんな場面・役割・人間関係のときが好きか、という傾向が分かってくるのである。図

好きなこと（やりたい仕事）を見つけるための「キャリアシート」（簡易版）

記入日 ＿＿＿年 ＿＿月 ＿＿日
＿＿年 ＿＿組 氏名 ＿＿＿＿＿＿

1. これまでの経験・体験で「面白かったこと」「楽しかったこと」

（なぜ、どういうところが、面白かった・楽しかったですか?）

2. これまでの経験・体験で「頑張ったこと」

（なぜ、どういうところを、頑張りましたか?）

3. これまでの経験・体験で「感心・感動したこと」「心に残っていること」

（なぜ、どういうところが、心に残っていますか?）

※将来に向けて自分を成長させる上でも、「自分はどういう人間になりたいか、どういう職業に就きたいか」「それはなぜか」という観点で見てみましょう。

図4-15　やりたいことを見つけるキャリアシート

ライフ・キャリア・アセスメント

1.
   (1) 今まで分担してきた役割や仕事で、一番好きだったもの（少なくとも好きだったもの）は何ですか？　どういうところが好きでしたか？

   (2) 今まで学んできた教育・訓練経験で、好きだったものは何ですか？　どういうところが好きでしたか？

   (3) 今までの趣味・余暇活動で、好きだったものは何ですか？　どういうところが好きでしたか？

2.「通常の1日」を振り返って、あなたが大切にしている時間や行動はありますか？　その時間をなぜ大切にしていますか？

3. 現在のあなたの資源（長所）と課題（障害）を3つずつ挙げてください。

4. 1～3を実施してみて、共通するところ、優先したいことなどまとめてみると、何が言えそうですか？

※将来に向けて自分を成長させる上でも、「自分はどういう人間になりたいか、どういう職業に就きたいか」「それはなぜか」という観点で見てみましょう。

図4-16　ライフ・キャリア・アセスメント

4-16はGyspers (2006) のLife Career Assessment (LCA) を学生用に改めたものであるが、上記と同様の例示を用いて「学園祭でも部活でもクラス内でもいいから、好きだった役割とか仕事とかあった？」「数学は答えが1つだから好きとか、歴史はロマンチックだから好き、とか理由も具体的に書いてみてね」というように聞いている。実は日本の小中高は学校でのイベントが非常に多いため、学校のイベントを細かく聞いていくとピンとくる生徒・学生が多いように筆者は感じている。

　また、単純に「やりたいこと」(図4-17) をたくさん書かせるだけでも、その学生の傾向は出る。外で体を動かすのが好きな学生もいれば、家の中で何か手作業をするのが好きな学生もいる。ネットや雑誌で情報を集めるのが好きな学生もいれば、自然や景色を楽しむ学生もいる。こうしたワークシート（質問）をいくつか組み合わせることで、生徒・学生の自己理解が大いに進むように感じている。従来の職業興味検査でも決して悪くないと思うが、狭い職業に対する興味というよりも「ものを作るのが好き」「集めて分析するのが好き」というような、価値観とか自分の軸のようなものが明確になるように感じている。

　なおそれでも価値観や自分の軸を明確にできない学生は、特に文系のほうで多いように思う。そういう場合には「5つの人生」(図4-18) を用いて、「あなたはこれから5つの人生を歩むことができる。4つは途中で捨てても良い。1つは安定した公務員を選んで、他でチャレンジしてくれてもいいし、芸能人やギャンブラーなど実際にはなれないかもしれないことを書いてくれても構わない。職業・人生を書き終わったら、右側の欄にはそういう職業・人生になったらどういう気持ちや周囲の評価が得られるか、想像しながら書いてほしい」と教示してワークシートを書いてもらった上で、「それではそこに書いたすべての職業・人生のうち、『本当にやりたいモノ』に○をつけてほしい。その職業や人生には就けないかもしれないけれど、右に書いた条件：例えば人に注目されるとか人を喜ばせるということならできる。それが君の価値観だ」

今／これからやりたいこと (例：読書、映画、ドライブ……)

	やりたいこと	※	最後にやった日

※練習したほうがうまくなるものには「練習」、計画が必要なものには「計画」、1人で楽しむものは「1人」、みんなで楽しむものは「みんな」、どちらでもいいものは「1人／みんな」、外でやるものは「外」、家でやるものは「内」と記入。最後に、やりたいもの上位5つの左欄に星印をつける。

図4-17　やりたいこと

5つの人生（まったく異なる5つの人生を歩めるとしたら?）

	どんな人生?	具体的には?
（例）	お医者さん（外科医）	病気の人を助ける ・人の命をできるだけ救う ・周りの人に尊敬される
第1		
第2		
第3		
第4		
第5		

図4-18　5つの人生

というような解説をしている。[*2]

　さらに社会構成主義の利点として、教育・訓練と相性が良いという点がある。例えばコミュニケーション教育に関し、生徒・学生自身のこれまでの成功事例や失敗事例を想起させ（例外・差異・意味／影響探し）、「どういうコミュニケーションがいいコミュニケーションか」「どうすればいいコミュニケーションができるようになるか」「どういうときに失敗し、どういうときには失敗しなかったか」「これからどんな訓練・練習が必要か」を教職員が呈示するのではなく、学生自らに考えさせるのである。自らの経験や思考から出た考えは実行しやすい。その上で教職員はコミュニケーションの場を提供し、さらに学生に繰り返し考えさせ、練習させれば良いのである。学生には日常生活でもコミュニケーションを意識するように伝えれば良いのである。筆者の個人的な取り組みとして、こうしたコミュニケーション教育によって一定の成果が得られている。講義の中での限定した効果というよりも、講義外・講義後でも学生の変容は継続するようである（(6)参照）。

　実際にはもちろん教職員からも情報提供を行い、アドバイスも指導もする。その際も、一般論というよりもなるべく（失敗談も含めて）自らの経験やエピソードを具体的に語りながら、また学生同士のロールプレイなども用いながら、学生自身が考えたり感じたりする「間接体験」をしてもらうように注意している。学生の思考や感情が動かなければ、その情報は学生の中に効果的に入っていかないと感じている。

(4) 実際の支援事例・実践その1：大学3年次Aさんの事例

　X年3月、「自己PRがうまく書けない」と来談。いま自己PRとして書いているのは「食べること、料理が好き」「医食同源のように、人々の健康に貢献したい」とのこと。今回のエントリーシートでは3つ書く必要がある由。

　過去の興味や関心、好きだったことなどをじっくり振り返り、共通するも

[*2] こうしたワークシート等については『社会構成主義キャリア・カウンセリングの理論と実践』（福村出版）に多数掲載しているので、ご興味のある方はそちらも参考にしていただきたい。ただ、標準化されたものではないので、自ら好きに作っても何ら差し支えはない。

のを整理していったところ、

- 手を動かすのが好き：料理だけでなく、実験・分析、手芸、高校時代の合唱コンクールの衣装を手作りした……
- 答えを出す・答えが出るのが好き：数字・数学が好き、実験・分析が好き、ミステリーが好き、調べ物が好き：家の亀の寿命を調べていてついつい亀について半日検索して過ごしてしまった、最近祖父にこけら落としの「こけら」の字を聞かれて1時間検索した……
- 練習してどんどんうまくなるのが楽しい：高校までの吹奏楽部、大学の和楽器サークル、料理……
- 集中力がある：実験・分析、勉強、読書、ゲーム……
- 収集癖：カード、シール、コイン……
- 健康を気にする：ストレスに弱い、怪我が嫌、平穏がいい……

過去を十分に振り返ったところで、たくさんのエピソードが書けそうな上の3つを使うことで整理。相談に来る前は10段階で1くらいしか書く自信がなかったものが、相談した後は8くらいの自信になったとのこと。相談はこの1回で終了した。

(5) 実際の支援事例・実践その2：大学4年次Bさんの事例

　Bさんは真面目だが学業が苦手気味で（3年次までに取得すべき単位をいくつか落とし、4年次前期にも結構な数の授業を取っている）、友人がおらず、ゼミ内でも人間関係が薄い。就活時期になっても活動の様子が見られないことを心配した指導教員からの依頼で、X年5月第1週にBさんが働けそうな求人を10件ほど就職担当部門から渡したが、就活はまったくしていない様子（以下、太字部分がナラティブ／社会構成主義キャリア・カウンセリング的な対応を説明したものである）。

第1回
　X年5月第4週、就職担当部門からの呼び出しで第1回の面接を実施。就

活の状況を確認した上で、これまでの経験を整理（※未来志向で相談するため、「これまで就活をしなかった理由」には焦点を当てない。当初は就職への意欲が低いのかと想定していたが、相談の早い段階で、本人が「ものづくり」関係への就職を希望していることが分かったため、「ものづくり」に関連するストーリーを紡いでいくことを意識した）。

　最初の相談段階で、クライエントとは「内定が出るまで相談を続けよう」ということを約束。具体的にはカウンセラー側では「志望動機・自己PRを含め、本人が納得したエントリーシートが書ける」「志望動機・自己PRを含め、本人が納得した面接対応ができる」ことを目標とした。

- 応募する会社は決めたとのことだが、会社の名前も業種も言えない（※後で分かったが、実際には決めていなかった）。当然、エントリーシートにもまったく手をつけていない。
- 大学でやってきたことは、学業も含めてほとんど言えず。ゲームを少々やっている程度。
- 大学の友達は「いない」。小中高では友人はいた。
- 大学に入ってからは作っていないが、戦車のプラモデルはこれまで100台以上作って、実家でケースに入れて保存してある。他にロボットアニメのプラモデルなどもかなり作っていた（※大学時代ではないが、ものづくりに関する印象的なストーリーが引き出されていく）。
- 中高の部活は自然科学部。高校では学園祭程度しか活動しなかったが、中学では実験して発表会に出るなどの活動をしていた。高校では別途、森林に関するグループ研究を行い、表彰された。
- 小学校の頃から父親のものづくり（車庫、小屋など）を手伝った。自分の時間がなくなるのでちょっと嫌だった。
- 接客関係の仕事には苦手感。
- 次回までの宿題として「まず1社でいいからエントリーシートを書けるところまで書いて持ってくる」よう指示。合わせてコミュニケーションの練習として、アパートの人や周辺の住民に挨拶するという宿題を出す

(※就職担当部門からは「コミュニケーション能力が心配」という情報があったため、コミュニケーションに関して新たな経験を積んでいくことを意識した)。

質問にはゆっくりだが一つひとつちゃんと答える。一方でほとんど目をそらさない、エントリーシートを1枚書くのに「1週間では足りない」(次回面接を翌々週に設定)など、心配を抱く面もあり。第1回面談では、就職担当職員の心配していたコミュニケーション能力に大いに欠落があるとは感じられず。

第2回

X年6月第2週、第2回の相談。接触のあった企業(技術派遣)のエントリーシートを持って来たものの、志望動機や自己PRは書けておらず。質問にすぐに答えられない場面も散見。

- 翌週にもエントリーシート・履歴書を出す必要があるとのことで、まずは志望動機、自己PRの完成を目指す(この段階で本人は志望動機、自己PRをまったく言えず)。「ものづくり」というキーワードでは大学生活の経験が一般論程度にしか使えないので、前回の棚卸しを整理して「小さい頃から父親を手伝って車庫や小屋を作り、自分自身でもプラモデルをよく作った。中高では自然科学部に入り、大学も工学系を選び講義や実験に明け暮れた」というストーリーを整理。志望動機については「小さいころからものづくりに興味があり、技術者にあこがれて」と整理。

- 大学生活を振り返る中で、物理・数学が苦手であったことが語られる。数学は中3ですでにつまずいていた由で、社会・国語は得点が取れていたとのこと。それでも工学系に来たため、学業ではずっと苦労していたことが判明。「物理や数学が苦手だったが、ものづくりがやりたいために乗りきった」というストーリーを整理(※**「物理・数学が苦手」**というネガティブな資源から、**「それでも頑張った」**というポジティブな資源が引き出された)。

- ものづくりに関し、大学に入ってからもロボットアニメのプラモデルを作ったことがあったこと、まだ手をつけていないプラモデルが2体あることが判明。「ものづくりが好き」を強めるために、プラモデル作りに手

をつけることを提案し、了解を得る。プラモデル作りと合わせて、苦手克服のために「高校の物理・数学の復習をする」ことを宿題とした。
- 前回の宿題について「あまり人と会わなかった」とのことだが10回程度挨拶をし、「半数くらいは挨拶が返ってきた」。継続して実施するよう伝える（※**本人のコミュニケーション能力は決して高いとは言えないものの、継続する力があることを発見**）。

第3回
X年6月第3週、第3回の相談。エントリーシート、履歴書のチェック。
- エントリーシートの「大学時代頑張ったこと」が書けていなかったので、「国語・社会は点数が取れていたが、小学校の頃からものづくりに興味をもち技術者に憧れていたので、物理や数学を克服するのに努力した。おかげで3年4年と無事に進級し、希望のゼミに進めた」とストーリーを整理。書いた範囲では志望動機も自己PRもそこそこ言える状態。
- 宿題については(1)プラモデルを久しぶりに1体作った。我ながらよくできた、(2)高校数学の復習をした。微分積分は結構難しく、独力でできたのは6～7割、(3)アパート住民への挨拶は引き続き実施、反応は半数弱。

第4回
X年6月第4週、第4回目の相談。
- 機械製造会社のエントリーシートを持参。やりたい仕事（開発・設計）を選んだ理由と「今まで一番頑張ったこと」が書けておらず。一番頑張ったことは「中学時代のグアム修学旅行で現地中学生と1対1で対応したこと」とのことだったので、「その経験がその後の英語の成績を伸ばしただけでなく、人間関係にも注意を払うようになり今の自分のもとを作っている」という整理をして使うことに（※ここはものづくりに関連したものではないが、**本人が一番「頑張った」「苦労した」とのことだったので、最大限に活かした**）。

・志望動機、自己PRはとりあえず言える状態。「自分を色にたとえると？」というイレギュラーな質問には答えられず。「黙りそうになったら、『すいません。分かりません』でも言うといい」とアドバイスするも、言えず。
・宿題の「周囲への挨拶」は継続しているが、雑談までは進めておらず。プラモデルなどのものづくりはいったんストップ（お金がないとの由）。復習については、電気回路学の復習をした由。今後の就職活動や社会人生活でも使う可能性があるので、現在受講中の講義と合わせ、復習を継続することに。

第5回
X年7月第1週、第5回の相談。
・技術派遣の会社から内定が出た。このため他社の書類は出しておらず。
・日常生活の「ものづくり」は進んでおらず、普段週1回作る卵焼きを作った程度との由。勉強は今学期も講義があるため、その部分はやっている由。周囲への挨拶は割とできているが、雑談までは進まない。
・技術派遣の会社からは内定承諾書を出すよう言われているとのことで、相談の上、後で後悔しないように1、2社に追加応募する方向で検討。

第6回
X年7月第2週、第6回の相談。
・技術派遣の会社から本日午前中連絡が来て、「行きます」と伝えた。他の1社には書類を送ったが「募集は終わった」と言われたとのこと。別の1社にはまだ書類を送っておらず、技術派遣の会社への内定承諾書の締切に間に合わなそうなので、出さないでおこうと思っている由。
・親には内定を伝えた（が、特に「おめでとう」も言われていない）。ゼミの先生には（内定を）伝えていない。内定承諾書はすでに書いて、親の印鑑までもらってある。
・周囲とのコミュニケーションは1度だけアパートの中年女性から「行っ

てらっしゃい」と声をかけられて「行ってきます」と答えた。ゼミのコミュニケーションは特に進展がない。
- ものづくりも進んでいない。お金が入ったらプラモデルでも買う。
- 夏休みの宿題として、コミュニケーションや専門性、ものづくりを意識するために「地元の図書館に行く」「復習する」「プラモデルを作る」を課すこととし、相談を終了した。

　この事例では内定者を早期に確保したい技術派遣の企業のおかげで、就活スタートは遅かったものの想像以上に早く採用内定が確定した。逆に早く内定が出たことでコミュニケーション能力を育てきれなかった面もあるが、本人は内定に納得しており（本人との約束はクリアしており）、ゼミの担当教員にコミュニケーション育成の支援を依頼して相談を終了した。
　この事例は、見たとおり「きれいに成功した事例」とは言いきれないが、「普段こういうふうに相談している」ということを理解してもらうために紹介している。かなり多くの学生が1回で終了するが、1回で終了するがゆえに、逆に事例を公表する了解が取りにくい面もある。

(6) 実際の支援事例・実践その3：イベント前後の意識づけ
　PBL型講義（プロジェクト（あるいはプロブレム）・ベースト・ラーニング：課題（問題）解決型の講義）にせよインターンシップにせよ、参加意識の高い少数の学生を選抜して実施しているうちは何の問題もないが、参加者が増え「このイベントに出るといいと言われたから」「みんなが行くから」という学生が増えてくると、受動的・消極的に参加する学生が増えてくる。その講義やイベントに参加する「自分にとっての意味や意義」を意識していないからである。そういう学生が増えると、周りの学生にも悪い影響が出る。
　多数の学生が参加するA大学のインターンシップでも、「担当者に言われるまで何もしない」「座学で居眠りをしていた」などの苦情が時折寄せられていた。従来からインターンシップに行く前には企業調べなどの課題を課して

いたが、それに加え「インターンシップに何を得るために行くのか(例:その企業の具体的な仕事内容を知る、職場の人の働き甲斐を知る、コミュニケーション力を鍛えるなど)」「そのためにインターンシップ先で何をするか(例:よく観察してみる、社員に聞く、職場の人にインタビューする等)」という「目標」を事前に考えてもらうことにした。あわせて実施報告書には「(事前の目標を踏まえて)インターンシップで得たこと」を具体的に書いてもらうことにし、「その経験から今後、大学生活で取り組もうと思ったこと」も書いてもらうことにした。さらにインターンシップ報告会ではグループで一人ひとりにそれらを発表してもらい、他の人の取り組みが聞けるようにした。その結果、従来の報告会と比べて「参加してよかった」と答える学生が大幅に増加した。

　実はPBL型講義やインターンシップだけでなく、一般の講義でもこうした取り組みは効果がある。講義の初回で「この講義で何を得たいか」「より効果的に『得たいもの』を得るためにはどう参加するといいと思うか」という「目標」を問う。また、講義の最後では「この講義で何が得られたか」「より効果的に『得たいもの』を得るためにはどう参加すればよかったと思うか」を問う。残念ながらすべての講義で実施しているわけではないが、「感想を書け」では「面白かった」「教室が寒かった」「後ろの人がうるさかったので注意してほしかった」と他人事のように書いてくる学生が、自分自身のことを振り返ることで「いい感想」を書く確率が増えるようになってくる。

　もちろん学生も勉強だけでなくサークルや部活やアルバイトなどで忙しくしているのですべての講義に熱心に参加するのは難しいが、筆者は学生に対し「必修科目は落としてはいけないけれど、自分のやりたいこと・やるべきことに優先順位をつけて、自分の未来のためになる知識・経験はしっかり積んでいこう」というようなアドバイスをしている。

(7) 実際の支援事例・実践その4:コミュニケーション教育での試み((3)参照)

　ネット・携帯が普及する中で、他者とのコミュニケーションに苦手意識を持つ学生は多い。A大学でも、あるクラスでコミュニケーションに苦手意識

コミュニケーションが苦手？

1. （ある程度）コミュニケーションができたと思える「例外」（時期、相手、場所、状況）は？

2. （1を踏まえて）これまでコミュニケーションしていなくてもいいので、今でもコミュニケーションできそうな状況（時期、相手、場面）は？

3. 「人見知り」「コミュ障」の度合いについて、まったくコミュニケーションできない（1）～すごくコミュニケーションできる（10）の10段階として、今は第何段階？
社会人になるまでに第何段階まで成長できれば、一安心？

4. （3の段階について）段階を1だけ上げるためには何をすればいい？

5. （3の一安心できる段階について）具体的にはどんなこと（相手、場所、状況）ができれば達成できたと感じる？

6. もし（3、4、5のような）コミュニケーションができるようになったら、あなたはどうなっている？

図4-19　コミュニケーションが苦手？

を持つ学生の割合は62人中41人、実に7割近くにも上った。A大学の教養科目「コミュニケーション入門」で、講義の初期段階でブリーフセラピーの技法を用いて「これまでコミュニケーションがうまくいった『例外』」などを考えるワークシート（図4-19）を実施したところ、全然自信がない (1) 〜とても自信がある (10) の10段階の自己評価でワーク前が平均4.02だったスコアが、ワーク後で平均5.19まで上昇した (n=62: t=-7.31, p<.01)。また、この講義ではその後、席替えをしながらグループでの1分間の自己紹介、グループワーク・ディスカッションなどを繰り返し、最終回（第15回）で最終的な自己評価として講義前4.15のスコアが講義後6.52まで上昇した (n=48: t=-7.54, p<.01)（最終回に「全員の前で1人で発表する」という課題を与えたところ、最終回を欠席する学生が多めに出てしまったのは反省点である）。

「コミュニケーションが苦手」というアイデンティティを持つ学生は、「自分がこれまでいかにコミュニケーションができなかったか」という点だけに焦点を当ててしまい、「これまでのコミュニケーションができていた時・場面」をイメージしていない。実際には家族や親しい友人とはちゃんとコミュニケーションができている場合が多いし、幼稚園や部活などではコミュニケーションができているなど「できている時や場面」は思った以上にある。そうした「できていること・時・場面」に焦点を当てることで、苦手感が減ってくることが多いようだ。

また学生は「白か黒か (0か1か)」「コミュニケーションができるか、できないか」で考えやすい。そうすると自分を「できないほう」に入れてしまいがちになるが、スケーリングを用いることで「できることもある」「ここまではできている」という事実に意識が行きやすくなる。その後、「では1段階上げるにはどうするか」「どこまでいけばとりあえずゴールか」「とりあえずのゴールに到達したときの姿はどんなものか」と考えることで、未来志向になりやすいし、ステップ・バイ・ステップの「できそうな目標」も立てやすい。

「マニュアル」「正解」をほしがる今の学生は「すぐにでも成功したい」し「成功しないならやりたくない」と思いがちだが、「少しずつ前進すればいい」「失

敗しながら成功に向かえばいい」と勇気づけを行いながら少しずつ多くの経験を積むように、そして講義の外でも自主的に経験を積むように支援・奨励している。

　ただ、こうした教育技法にも課題がまったくないわけではない。ワークシートを完成させた62人の学生のうち、「コミュニケーションに自信がない」と答えた41人の学生はワーク前平均3.39がワーク後平均4.65（$t=-6.08, p<.01$）に伸びたが、自信がある学生21人はワーク前平均5.24がワーク後平均6.26に伸びた（$t=-4.02, p<.01$）。すなわち、コミュニケーションに自信がない学生は、このワークだけではコミュニケーションに自信がある学生に追いついていないのである。自信のない学生とある学生を比較すると、ワーク前で3.39 vs 5.24（$t=-4.53, p<.01$）、ワーク後で4.65 vs 6.26（$t=-3.51, p<.01$）とその差を引きずっている。

　また個別の学生でみると、自信のない学生のうち増加が30人、変化なしが10人、減少が1人であった（自信のある学生では増加が13人、変化なしが8人）。比率的には自信のない学生のほうがスコアが増加した人の割合が多かったが、変化なしの学生も一定含まれてしまっている。

　継続的な実践・研究によって、より効果的・効率的なコミュニケーション教育にしていく必要性を感じている。

(8) 実際の支援事例・実践その5：学生ポートフォリオ

　多くの大学で「初年次教育」や「キャリア教育」が導入されている。その中で、学生自身に学生生活の目標を立てさせ振り返らせる「学生ポートフォリオ」（※芸術・建築系の学生が自分の作品群を就活の際に持ち歩く「ポートフォリオ」とはニュアンスが異なる）を紙媒体もしくはイントラネットで導入している大学も多いようだ。教職員側が学生が何を考えているかに気づくことができるし、それに対して適切にアドバイスをすることも可能になる。見た目では気づかなかった個別学生の長所やリスク・問題も把握できるかもしれないし、学生全体の傾向から大学教育を適合・修正することも可能であり、いいことずく

めの仕組みである。

　ただ、学生が「学生ポートフォリオを書く意味」を理解していないと、学生は何を書いていいのか分からないし、そもそも何も書かない。「自分の未来を作るため」「大学生活を充実させ、ひいては就活で堂々と答えられるものを作り、社会人生活で自信や引き出しを増やすため」と説明したうえで、自己理解・仕事理解を支援しながら書かせることが必要である（例えば必修科目などの大学生活の中で、考える時間・書く時間を提供することも重要である）。教職員が学生とともに学生ポートフォリオをときどき見返して、できたこと・できていないことをPDCAサイクルで整理することが必要である。

　学生は何らかの意図・理由をもって大学に入ってきたはずである。前向きな理由もあれば受動的な理由かもしれない。また過去に興味・関心を持ったもの、大学に入ってから興味・関心を持ったものなどがいろいろとあることだろう。そういったものを講義やガイダンスで引き出して、それを踏まえて「自分にとって望ましい未来」を考えさせる、そのために必要な知識や経験をさらに大学生活でどう積み上げていくかを考えさせる、大学の講義や課外講座、はたまた大学外の資源も組み合わせながら、学生の行動を後押ししながら学生自身が行動していくことを支援する、ということが大切になってくると考えている。当然のことだが、初年次教育やキャリア教育から大学生活・就活支援までがすべてリンクしていることが効果的だと感じている。

(9) 企業への応用

　筆者は今のところ学生への講義・相談や教員・カウンセラーへの研修がメインで、ここのところ企業向けの研修講師はあまりできていないが（※決して断っているわけではない）、学生に対する効果同様、当然にナラティブ／社会構成主義アプローチは企業運営や従業員支援にも効果的だと考えている。

　例えば、ある企業では朝礼の際に従業員が交代で「お客様に喜ばれたこと」を発表する。そうすることで、従業員全員がお客様に喜ばれる方法を共有し、自分でも工夫するようになる（すなわち、いい仕事に関するロールモデルが持て

るようになる)。ある企業では従業員同士が「ありがとうカード」を渡し、掲示板にも張り出すということをしていて、「どういう仕事をすれば同僚に感謝されるか」が皆に分かるようになっている。

　製造業の企業で、改善提案をすると採用される・されないにかかわらず数百円のボーナスが出て、採用されると数万円のボーナスが出るというのは比較的よく実施されていることだと思う。この場合は「改善提案するのはいいことだ」「採用されればさらによい」ということが従業員に共有されるようになる。永年勤続表彰の際に従業員の家族を呼ぶ企業もある。

　もちろん、こうした取り組みがすべての従業員のやりがいとリンクしているとは限らない。朝礼でお客様に喜ばれたことを発表する企業は、「お客様に喜ばれるとうれしい」という従業員のやる気スイッチを押すが、「家族のために働いている」というやる気スイッチの従業員には響かないかもしれない。従業員それぞれにやる気スイッチは違うので、複数の仕組みを導入する必要がある。

　究極的には従業員一人ひとりが自分自身のやる気スイッチ(「人が喜ぶのが好き」「人に感謝されるとうれしい」「家族のために働いている」)や強み・弱みを理解して仕事をし、また上司や同僚もその人のやる気スイッチを理解していれば、仕事は会社全体としてうまくいく可能性が高まるだろうと筆者は考えている。そのためには、従業員一人ひとりが自分自身のことを、また自分以外の従業員のことを含めて、「その人のいいところ」「強み・弱み」をしっかり理解して(時には意識的に口に出して)、補いながら仕事をしていくのがいいのではないかと考える。仕事に失敗した時も「だからお前はダメなんだ(≒お前は失敗するようなダメ人間なのだ)」ではなく、「いつもの君らしくない(≒結果として失敗はダメだが、君自身の人格が否定されるものではない)」「次は失敗するな(≒失敗を未来に活かせ)」という表現を使うことで、失敗した側も素直に反省したり今後は失敗しないようにと前向きになれたりするかもしれない。

　朝礼で仕事以外の趣味の話をする、研修で各種グループワークをする等の手法を用いて、「従業員同士が会話するきっかけを作る」「共通の話題を持て

るようにする」ことも、会社の雰囲気をよくして業績を上げることに効果があると考えている。このように、ナラティブ／社会構成主義キャリア・カウンセリングは学生に限らず、社会人にも応用可能な技法なのである（詳細については以降の章も参考にされたい）。

(10) さらなる実践のために

　以上のように、キャリア形成支援やコミュニケーション能力支援以外にも、ナラティブ／社会構成主義キャリア・カウンセリングの技法を用いて「自信がない」「将来が不安だ」「役割や責任は面倒だ」と行動できていない学生・社会人を支援する（前向きにする）ことは可能だと考えている。(7)のように、「自信があった（または少なくとも自信がないとは思っていなかった）こと・時・場面」「不安がなかった（または少なかった）こと・時・場面」を想起してもらう（例外・差異探し）というようなことだ。1対1の相談でも実施できるし、ワークシート化することで集団実施（ガイダンス・研修）も可能である。

　また(9)のように、他の人の成功例や感謝された事例、提案事例をロールモデルとして共有するという方法もあるだろう。「どういう仕事がいい仕事か」というロールモデルが、個人だけでなく組織の中にも浸透していくことになるだろう。仕事や人生の「見える化」「見せる化」「話し合う化」「認め合う化」も効果的なのではないか、と考えている。

(11) 学生に対する社会構成主義キャリア・カウンセリングの課題・限界

　サービス産業化の進展のせいか、多くの学生で職業・仕事上のロールモデルがないことが多い。尊敬する人に「お父さん」「お母さん」と書く学生は少なくないが（それはそれで悪くないと思うが）、「家族を養ってくれるから」「毎日家事をしてくれるから」「大学の学費を出してくれているから」という理由も少なくなく、親の仕事ぶりを見て言っているわけではないことも多い。親を尊敬できるのは良いことではあるが、サービス産業化の中で、大人の「いい仕事ぶり」「尊敬できる役割分担」が見えにくくなっているということもあるのか

もしれない。農業や建設業、製造業などでは「親の作ったもの」「大人（プロ）の作ったもの」が目に見えやすいが、分業化が進んだ社会の中では親（大人・プロ）の仕事は見えにくいのかもしれない。(参考まで、何かをするために「海外に飛び出す」「借金をする」のは、比較的多くの現代学生にはリスクとしか映らないようだ。)

　学生自身が自ら工夫してものを作らなくなっている（夏休みの自由研究にしても書店にネタ本が並び、親が作る場合もあると聞く）ために、「（自分のアイデアと比較して）この仕事はすごい」と気づけなくなっているのかもしれない。今のプラモデルは最初から色がついていて、誰でも組み立てれば綺麗に仕上がる。遊具のある公園では親が遊具を取り囲み、良くも悪くも子ども同士の衝突が起きにくい。親や教員が(当たり前かもしれないが)ちょっとでも危険な遊びはさせなくなっている。結果として、これでは人間関係の衝突はなく、人間関係の問題解決を学ぶ場もないだろう。豊かになりモノやサービスが完備され、「ないもの」「ほしいけれど手に入らないもの」がない世界では、良くも悪くも欲望は生まれにくいのかもしれない。

　事実、比較的多くの学生が「やりたいこと」を言えない。「ゲーム」や「寝る」しか書けない男子学生は想像以上に多い。さらにはこれまでの「楽しかったこと」「頑張ったこと」を書けない学生も少なくない。失敗やリスクを恐れて（大人が心配してやらせなかったから？)、これまでチャレンジしてこなかった学生も少なくないのである。だから「やりたいこと」が言えない、書けない。「やりたいこと」がないので、積極性ややる気が生まれない。悪循環である。

　社会構成主義でも「ない袖は振れない」。経験していないことは自信につながらないのである。しかし、多くの学生には少なからず興味や関心がある分野があり、好奇心もないわけではない。ある大学の工学系の学科では、紙飛行機を飛ばすことを通じて力学に興味を持ってもらう工夫をしているし、同様に簡単なモーター制作で電気に興味を持ってもらう工夫をしている大学もある。そもそもその大学のその学部に入ったのには、何らかの興味・関心（生物が好きだったから、自動車が好きだから、経営を学んでみたいと思ったから）があ

ったはずである。

　ただ「就職に有利だと思ったから」「就職に強い大学と聞いたから」「親や先生に勧められたから」と入学してくる学生も少なからずいないわけではない。そうした学生を含め、高校・中学・小学校で「楽しかったこと」「頑張ったこと」「印象に残っていること」を聞いていって、彼らの興味や関心、価値観、人生観の明確化のお手伝いをし、そこから「未来の人生観」を作ったら、これからの大学生活で積んでいくべき知識や経験について整理してもらう。整理ができたら、実際に行動するよう支援していく。

　実は整理ができても行動に結び付かない場合も少なくなく、「具体的に数字や行動レベルで目標を書いてみる」「学期ごとにできたこと・できなかったことを整理する」というように、さらに細かく支援を行っていく必要がある。一度自分で動けるようになればそこからは支援の必要はぐっと減るが、「自主的に動いたことがない」学生にとって初めて自主的に動くことは不安であり恐怖である。そこは支援が必要であろうと考えている。「どうしても興味や関心、人生観が語れない」という学生には、「とりあえず行動してみよう」「その行動で、何を感じたか考えたか、語ってみよう」という必要があるかもしれない。

コラム——ジョブ・カードのこんな使い方

　ジョブ・カードは厚生労働省が作成した「生涯を通じたキャリア・プランニング」「職業能力証明」の機能を持つツール（記入様式）で、主にハローワークや公共職業能力開発機関で使われている。大学などの高等教育機関では現段階であまり普及していないようだが、「新ジョブ・カード」になって使い勝手がよくなっているので、今後普及していくかもしれない。

　学生向けのジョブ・カード（キャリア・プラン・シート）は全部で3枚、そしてジョブ・カード作成の助けになる質問が1枚用意されている。

様式はこちら：http://jobcard.mhlw.go.jp/job_card.html#jobSample
質問はこちら：http://jobcard.mhlw.go.jp/make_careerplan.html

　A大学ではこの学生向けジョブ・カードの記入例を用いて、1、2年次の学生に大学生活から社会人生活への橋渡しのイメージを持ってもらうようにしている。このサイトに掲載されている記入例では、マクロ経済学専攻の学生が開発経済学に興味を持ち、英語の勉強をしつつ吹奏楽サークルや接客アルバイト、食品会社のインターンシップなどを経験して、最終的に工業製品の原料の輸入に携わりたいという夢を語っている。サークルやアルバイト、インターンシップで得意なコミュニケーションを生かしてきたことなどが語られている。

　学生たちには「可能であれば、未来から逆算して今の行動を選択していこう」「専門の勉強やサークル、インターンシップなどを頑張ったことがそれぞれ志望動機や自己PR作成に役立っていることが、この記入例を見ると分かるよね」「コミュニケーション能力を鍛えるためにサークルで他学科の学生や先輩に声をかけたり、接客のアルバイトをするのもありだよね」「車が好きだから自動車サークルに入ったり、ガソリンスタンドでアルバイトをするのもありだよね」などの例示を伝えている。また「やりたいことがまだ分からない人も、いつか何かにつながるかもしれないから（志望動機や自己PRだけでなく社会人になってからの自信や引き出しになるかもしれないから）講義やサークルなどには積極的に取り組もう」と伝えている。今後は就活時期に限らず、実際に1、2年次の学生たちにも書かせてみようと思っている。

　未来をすでにイメージしている学生もいれば、なかなかイメージできない学生もいるが、ジョブ・カードの記入例などを「ロールモデル」的に用いて、できるだけ「現在の自分の行動と、未来の自分の姿を関連づけられるよう」に促している。学生同士で目標や感想などを話し合うことで、意識的にロールモデルを持つように促している。

コラム──市販のアセスメントの有効活用

筆者は基本的に「質的アセスメント」[3]（図4-15～図4-18など参照）を用いており、あまり標準化された市販のアセスメントは用いていないが、市販のもの・標準化されたものが使えないとは考えていない。

A大学では1年次に社会人基礎力診断テストを利用しているが、ただし必ず解説を実施し、「すべての項目の点数を高くする必要はないこと。どこかが高くなれば、必然的に高くならない項目もあること」「点数が低くてもあまり気にすることはないこと。これから伸ばせば良いし、自分に厳しい人は低い点数になっている可能性があるからである」「社会人基礎力診断テストを1年次にやっている理由は、今の皆さんの立ち位置を知ってもらってこれから成長してもらいたいからである」と、実施の意図を具体的に学生に知らせ、学生自身に考えてもらうようにしている。その上で、「自分が伸ばしたい力は何か」「その力を、具体的にいつ、どういう場面で伸ばしていくか」を書かせるようにしている。

このように市販・標準化されたアセスメントもただ実施すればいいというものではなく、結果を学生に提示した上で「今何ができていて、何ができていないのか」「将来どうなりたいか」を意識させる、すなわち結果を未来につなげることが重要となってくるのである。

[3] 従来の職業興味検査・職業適性検査のように統計的に標準化され数値化された（量的）アセスメントではなく、クライエントの気持ちや価値観など質的なことを紡ぐために用いられるアセスメントのこと。

コラム──ナラティブ・セラピーの技法からの示唆

D・デンボロウ（2016）は「人生の木」というワークを紹介している。根元は文字どおり自分自身のルーツ、地面は自分がやろうと思っていること、幹は自分が大切にしていることやスキル、枝は自分の視野（※目指す分野と言い換えてもいいかもしれない）、木の葉は自分にとって重要な人々、果実は自分に残された遺産、花や種は自分が残したい遺産として描かせるというものである（※標

準化されたワークではないので、個人的には地面や木の葉などは他の喩えでもいいかもしれないと考えている)。

　成長して大きくなる木を自分の人生に喩えて描かせるということは「自分の成長」(＝ポジティブな未来)に焦点を当てることとなり、かつ「人生上の問題」(＝成長を阻害する障害)をも排除しない。すなわち、問題を意識した上で人生と問題とを分離(外在化)しやすい。何が問題で、何が資源で、ということが明確になり、本人が望む未来(果実や花、種)に向けて、今後どうしていくと良いのかが整理しやすい。

　実は筆者の講義でも、学生に「人生は何に似ているか、それはどういう点でか」と考えさせたりすることがある。その際に「登山に似ている。なぜなら登りも下りもあるから」と言う学生がいたら、「じゃあ、君は登山するときに、どんな装備を準備する？　いつ登りはじめ、どういうタイミングで休む？」と聞いてみると、学生は真面目に考え込む様子を見せる。

　このように、人生を何かに喩えて第三者的に自分の人生を考えさせる方法は、問題と自分自身との距離を置いて考えやすくなり、問題への対処がやりやすくなるように感じている。

　コツは単に比喩に終わらせるだけでなく、自分自身の資源や周囲の資源を用いて、いかに現状や未来の障害に立ち向かっていくか、望ましい未来にしていくかというストーリーとして作り上げていくこと(再構築)だろうと考えている。

コラム──深く意味を問う

　筆者は将来が明確でない大学1、2年生や締切ギリギリに来る就活生を相手にしていることもあって、「自分はダメだ」「自信がない」と思っている学生に対してすぐさま「じゃあ、あなたのダメじゃないところはどこ？」「自信があった時期や場面は？」のように早々と「例外」を聞いてしまっているが、トラディショナルなナラティブ・アプローチの方たちは、もう少し丁寧に「ダメというのは

どういう意味か」「それは誰の言葉か」「その言葉を使うことでどういう影響が出ているか」と、使われた言葉の意味を突き詰めて質問をしていくようだ。実際にこうした質問をしてみると、(特に一定の年齢に達している大人であるほど)遠回りで時間がかかるように見えて、実際にはクライエント本人が自らの言葉で自らの内省をしやすいように思う(ヨーロッパの「クリーン・ランゲージ」では、そうした言葉をさらに比喩を用いて(例:「肩にのしかかる大きな岩のような」)クライエントに具体化してもらうということをするらしい)。

ナラティブ・セラピーの著書や訳書が多数あるニュージーランド在住の国重浩一さんにお聞きしたところによると、「過去の一時期のナラティブ・セラピーでは『外在化ありき』という感じだったが、最近のナラティブ・セラピーでは外在化にあまりこだわらない」とのことであった。あえて問題を外在化しなくとも、例外や差異を探さなくとも、こうした質問によってクライエントの気づきが得られる場合がある(多い)ことに気づいたからではないかと思っている。

1時間以内にエントリーシートを作らなければならないような場合を除いて、クライエントの使っている言葉の意味は何なのか、その言葉を使っているのは誰なのか、その言葉を使うことによってもたらされる結果や影響は何なのか、じっくり質問をしていくことで、クライエント自身が自らのナラティブを意識し、自分自身を取り戻すような体験ができていくように感じている。

4. おわりに(私の背景、社会構成主義との関わり)

所属大学における筆者の役割は「教養科目を中心としたキャリア形成支援教育」の教員であり、就職相談・就職支援の担当ではない(それでも年間で実人数20人程度、延べ件数で100件ほどの就職相談をする)。このため、1対1のキャリア・カウンセリングよりも、集団相手に使える効果的なワークシートやグループワークの活用が重要な課題になる。相手の発言を待つ従来のカウンセ

リングよりも、構造的なインタビュー形式を持つ社会構成主義キャリア・カウンセリングの質的アセスメントが有効活用できる分野である。中学校・高校に呼ばれてガイダンスを行うこともあるし、小中高の教員研修などもお引き受けしている。

　筆者とナラティブ／社会構成主義キャリア・カウンセリングとの最初の接点は、十数年前に日本教育カウンセラー協会のキャリア関連の構成的エンカウンターグループに参加したことで、そこで職業カードソートその他のワークを教えていただいた。職業カードソートについては、自分なりに使いやすいように(また大人数に短時間で実施できるように)変形させ、ずっと使い続けている(図4-17)。他の書籍なども参考に、今から考えれば質的アセスメントといえそうな、いくつかのワークをこれまでも開発・実施してきた。ただ全面的にナラティブ／社会構成主義のスタイルに切り替えたのは、ここ5年ほどといってもいいかもしれない。

　皆さんご存じのとおり、日本では明確な将来を持って高校・大学に来る生徒・学生は決して多くない。自己PRはおろか、これからやりたいことや中学・高校時代までの「楽しかったこと」「頑張ったこと」「感動したこと」を言えない生徒・学生も少なくない。そうした生徒・学生から早期に人生観や職業観、適性・能力をどうやって引き出し、確立していくか。こちら側から引き出していくことが欠かせない。職業カードソート以外の技法を探していくなかで出会ったのがナラティブ／社会構成主義キャリア・カウンセリングであり、質的アセスメントだった。医療系のナラティブの本を買ってもマイケル・ホワイトなどのナラティブ・セラピーの本を買ってもピンと来ず(※最近になってようやくキャリア・カウンセリング分野での使い方が分かってきた)、結局は先輩の研究者に教えてもらって英語の原書を10冊も20冊も買って、関係ありそうなところを苦労して読んだことを思い出す。先輩・同僚の研究者たちの翻訳や研究、発表にいかに助けられたことか。

　振り返れば、筆者の学部・大学院時代に実質的に面倒を見てくれた先輩カウンセラーは(ご本人は折衷派と言っていたが)バリバリのロジャース派だった。

職業カードソートの技法を用いた「仕事に対する価値観発掘シート」

できるできないでなく、「面白そう」「やりたい」に○	大企業の社長、医師、ロボットの開発、カウンセラー、警察官、市役所職員、社長秘書、画家、大学教授、プロ・サッカーチームの監督、リニアモーターカーの開発、薬剤師、パイロット、花屋さん、ホテルのフロント、陶芸家、動物園の飼育係、弁護士、レスキュー隊員、魚屋さん、レストランのコック、コンビニの店長、料理研究家、俳優、自動車整備士、カーレーサー		
○をつけた職業について、自分なりにグループ分けをして、それぞれに「選んだ理由」を書く		○をつけなかった職業について、自分なりにグループ分けをして、それぞれに「選ばなかった理由」を書く	
全体をみて自分の価値観は？優先順位は？			

※「好きだから」「かっこいいから」で済ませずに、なぜ好きなのか、どこがかっこいいのかも考えてみよう。

図4-17 仕事に対する価値観発掘シート

そんな先輩に影響を受けて、筆者も人間性心理学に興味を持ちつつも、傾聴・支持よりも指示的傾向の強いアルバート・エリスの論理療法に惹かれていた。箱庭や描画などの感覚的なものと異なり、技法が言葉で(論理：アタマで)理解できることに安心したのかもしれない。論理療法との相性の良さから、大学院は認知行動療法を専門とする先生の下についた。ナラティブ／社会構成主義で構造的な質問等を通じてクライエントの興味や価値観を明確化していくスタイルは、傾聴・支持よりも指示的な療法に親和的で、雰囲気を感じるよりもアタマ(言語)で考えがちな筆者には使い勝手が良いのかもしれない(※ナラティブ／社会構成主義キャリア・カウンセリングでも、絵のついたカードを使ったり、マッピングをしたり、絵を描いたりコラージュをしたり、質問(言語)以外も活用した技法も用いられている)。

　そんな筆者がナラティブ／社会構成主義キャリア・カウンセリングに感じる利点の1つは、やはり効率の良さである。構造化された質問等を用いるため、クライエントからの答えが引き出しやすい。クライエントも質問に答えていくなかで、自分の興味・関心が明確化(場合によっては再確認)できるようだ。具体的な言葉で出てくるので、その後の進行もやりやすいように感じている。また(標準化されたテストと異なり)クライエント自身の言葉を用いるので、クライエントの納得感も高いように感じる。

　ナラティブ／社会構成主義キャリア・カウンセリングの課題としては、繰り返しになるが「ない袖は振れない」ということがあるだろう。ない経験は語れない。自信のなさや不安感のせいで、せっかくの経験が語られないこともある。インパクトの弱い経験はなかなか思い出されない。じっくり思い出すというだけでなく、場合によっては「新しい経験をしてみる」「新しい経験をして、自信をつけていく」ことを支援する必要がある。

　また、構造化された質問を用いても、回答が出せないクライエントもいる。そういう時は、(例外・差異・意味／影響探しだけでなく)別の質問を組み合わせることで打率を上げるようにしている。構造化された質問をいくつか持っていることは、カウンセラーにとってもクライエントにとっても安心できるも

のであり、余裕をもった就職相談につながっているように思う。いくつかの質問を常に持っていることをお勧めしたい（ご参考まで、筆者は何十種類のワークシートを作っている）。

　ただ、自分の軸が明確になっても企業から落とされ続ける学生もいるし、そもそも軸が明確にならない学生もいる。そうした学生に対しては当然に支持的に接する必要もある。ナラティブ／社会構成主義キャリア・カウンセリングは万能であるというよりも認識論・態度論であり、学生への対応は一人ひとりに寄り添うものである必要を感じている。

参考文献
バニング, F.（著）津川秀夫・大野裕史（訳）(2015)『ポジティブ認知行動療法──問題志向から解決志向へ』北大路書房．
Cochran, L. (1997) *Career Counseling – A Narrative Approach.* SAGE Pulications.
ディヤング, P.、キム・バーグ, I.（著）桐田 弘江ほか（訳）(2016)『解決のための面接技法［第4版］──ソリューション・フォーカストアプローチの手引き』金剛出版．
デンボロウ, D.（著）小森康永・奥野光（訳）(2016)『ふだん使いのナラティヴ・セラピー──人生のストーリーを語り直し、希望を呼び戻す』北大路書房．
ガーゲン, K. J.（著）永田素彦・深尾誠（訳）(2004)『社会構成主義の理論と実践──関係性が現実をつくる』ナカニシヤ出版．
ガーゲン, K. J.（著）東村知子（訳）(2004)『あなたへの社会構成主義』ナカニシヤ出版．
Gysbers, N. C. (2006) Using qualitative career assesments in career counseling with adults. *International Journal for Educational and Vocational Guidance,* 6 (2), 95-108.
McMahon, M. & Patton, W. (ed)(2006) *CAREER COUNSELLING – Constructivist Approaches.* Routledge.
森俊夫 (2000)『先生のためのやさしいブリーフセラピー──読めば面接が楽しくなる』ほんの森出版．
Peavy, R. V. (2004) *SocioDynamic Counselling – A Practical Approach to Meaning Making.* A Taos Institute Publication.
サビカス, M. L.（著）日本キャリア開発研究センター（監修）乙須敏紀（訳）(2015)『サビカス　キャリア・カウンセリング理論──〈自己構成〉によるライフデザインアプローチ』福村出版．
渡部昌平 (2015)「「適応」の視点からキャリア支援を見直す──生物的・社会的・発達的側面からキャリア適応を考える」『秋田県立大学総合科学研究彙報』15, pp. 41-44.
渡部昌平（編）(2015)『社会構成主義キャリア・カウンセリングの理論と実践──ナラティブ、質的アセスメントの活用』福村出版．
渡部昌平 (2016)『はじめてのナラティブ／社会構成主義キャリア・カウンセリング──未来志向の新しいカウンセリング論』川島書店．
Watanabe, S. (2016) Study about the effect of "Search exception" and "Scaling" - Case of students in Japan. *Poster session, 31st International Congress of Psychology.*（発表取りやめ）

第5章
ナラティブ／社会構成主義キャリア・カウンセリングを教える

大原 良夫

1. はじめに

(1) 課題と定義

　本章では、筆者自身がナラティブ／社会構成主義キャリア・カウンセリングを学習してきた経緯とキャリア・カウンセラーにナラティブ／社会構成主義キャリア・カウンセリングをどのように伝え、キャリア・カウンセラーがこのカウンセリングをどう捉えているのかを報告する。また、ナラティブ／社会構成主義キャリア・カウンセリング・アプローチのひとつであるSavickasのキャリア・ストーリー・インタビューを含んだカウンセリングについて、キャリア・カウンセラー養成の観点からの課題を述べる。

　なお、構成主義と社会構成主義の違いについて、さまざまな見解(Young & Collin, 2004)があることは承知しているが、本章では構成主義、社会構成主義という2つの用語を特段区別せず、社会構成主義キャリア・カウンセリングという言葉を主に使用している。

(2) ナラティブ／社会構成主義キャリア・カウンセリングとの出会い

　2001年にジャーナルCDQ (The Career Development Quarterly) にThorngrenとFeitが「キャリオグラム：ポストモダンのキャリア介入」という論文を発表した。その論文で、キャリオグラム (Career-O-Gram) という手法が紹介された。キャリオグラムは、図5-1のようにキャリア・デベロップメントに被る複合的な影響を図やチャートを使って、キャリアの経歴を追いながらクライエントのキャリアテーマを明らかにしていく手法である。具体的には「一番最初になりたかった職業は何か、そのことに影響を及ぼした人は誰か、この時に影

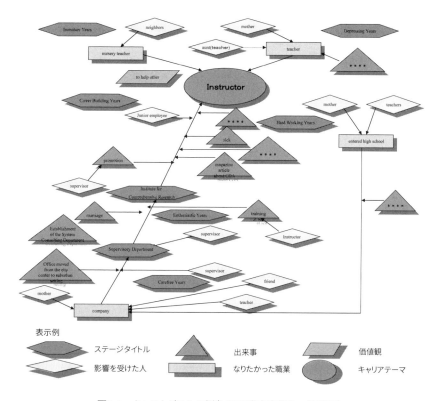

図5-1 キャリオグラムの例(NCDA発表事例を一部修正)

響を受けた社会的あるいは個人的出来事は何か」などを年代順にクライエントへ質問していく。クライエントの回答を1つずつ付箋(内容ごとに付箋の色を決めておく)に書き、模造紙に貼っていく。最終的に、付箋の色ごとに対応した図形にして模造紙上に表す(図5-1、例：なりたかった職業は長方形、影響を受けた人はひし形など)。

この手法に興味を持った筆者は、さっそく、クライエントを対象にキャリオグラムを使ってキャリア・カウンセリングを行い(1人のキャリオグラム作成のために数回面談を実施する)、その事例報告としてNCDA(全米キャリア開発協会)の大会で発表した(The Application of Career Genogram to Career Counseling

Practice, 2005)。この大会で発表したことを要約すると以下の3点である。①会話の内容を図示化することによってクライエントのキャリアがいかに歴史的、社会経済的、地理的要因、そして人的要因の影響を受けていたのかが鮮明に理解できる、②聴き手(キャリア・カウンセラー)の存在がエンパワーとなって語り手(クライエント)は意味あるストーリーを聴き手に語ろうとする、③最終的に多くのクライエントが「自分の人生は一本の糸でつながっていた」と意味づけを示唆する言語が出現する。

　発表後もキャリオグラムの実践を続けながら、さらに社会構成主義的アプローチ、特にナラティブ・アプローチに魅了されていった。手法導入時には、「見える化」の手法に興味をもったが、事例を重ねるうちに「クライエントの語り」そのものに関心を深め、社会構成主義が主張するところの1つである「クライエントの語りは、社会あるいはキャリア・カウンセラーとのかかわりによって作られていく」ことを実感していった。

　また、キャリア・カウンセリングルームでの「クライエントの語り」が、日常場面で、行動化・実現化されていくプロセスをクライエントから報告されるたびに(「この前話した××の件ですが、実行してみたところうまくできました」)「語り」の影響力の大きさを確信していった(当時は、筆者は恥ずかしながら、語りの影響を過少評価していた)。そして、キャリオグラムの経験をきっかけに、この手法の理論的背景となるナラティブ／社会構成主義キャリア・カウンセリングの学習を本格的に始め、2007年に、日本キャリア開発協会において「ナラティブ・キャリアカウンセリング」講座を開講したのである。

　また、講座だけでなく、ナラティブ・キャリアカウンセリングをキャリア・カウンセラーにより周知するために、2011年にはキャリア・カウンセラーの養成講座テキストにコラムとしてナラティブ・キャリアカウンセリングを紹介した(189ページ)。このコラムを読んで「ナラティブ」をもっと深く学習したいという声も多くいただき、「ナラティブ／社会構成主義キャリア・カウンセリング」のニーズが確実にあるという手応えを感じた。2015年には「サビカスの理論」講座を開催した。

現在までに、おそらく2,000名を超えるキャリア・カウンセラーの方に、ナラティブ／社会構成主義キャリア・カウンセリングの魅力や必要性に関する講演会、勉強会を行ってきた。

　事例1：「人生を語り直す」(Aさん・40代前半・女性　会社員)
　「平凡な人生ですけど、話を聞いてもらえますか？」と彼女は言った。「ある大きな問題に自分が対応できるかどうか自信がない」という悩みであった。おとなしい、控え目というのが第一印象だった。
　高校卒業後、たまたまX国の商品を扱うお土産屋さんでアルバイトをする。急に英語圏のX国に行きたくなり、X国に行ってしまう。「英語は話せたのですか？」と聞いたら「全然、でも働きながら身につければいい」と。このあたりから、他人を引きつける波乱万丈の彼女の人生が始まる。X国でさまざまな問題(旅、仕事、友人、恋人)に対して積極的にチャレンジする彼女の経験を聞いているだけで(Aさんはそれほど自分のことを積極的だと思っていなかった！)、キャリア・カウンセラーである筆者は彼女の生き方に強い感銘と興味を覚え、「なぜ」「詳しく教えて」「それからどうなったの」「すごい」「大変！」「私にはあなたのような勇気ある行動はできない！」など、カウンセラーとしてやや掟破りの言葉を連発。
　自分の人生に対して積極的に興味を示す筆者の様子を見て、Aさんは筆者の反応に戸惑っていた(キャリア・カウンセラーは、じっくりと静かに話を聴いているだけだとAさんは思っていたようだ)。しかし、時間が進むにつれ、「自分の人生が人(筆者)に感動を与えている」という感覚が沸き上がり、この感覚を通して、彼女自身の人生に対する肯定感が醸成され、自分の持ち味(積極性)を再構成していったに違いない。つまり、人生の語り直しを通じて「自分なら、困難な課題を解決できる」ということを彼女は確信していったのではないだろうか。
　Savickas的に解釈すると、「人は未来に向かって過去のストーリーを選択して語り始める」という事例に思えてならない。

2. 私のナラティブ／社会構成主義キャリア・カウンセリングの理解

(1) 筆者の体験

　ナラティブ／社会構成主義キャリア・カウンセリングは「こんなクライエントに効果がある」とか「このように使用するとうまくカウンセリングが進む」という単なる技法としての価値以上の意味が筆者にはある。

　筆者がなぜナラティブ／社会構成主義キャリア・カウンセリングの普及にこだわるようになってきたのか。上述した経験を踏まえて、社会構成主義キャリア・カウンセリングの面白さや有用性を体験してきたからということは当然ある。しかし、それ以上に根底には、すべての人にキャリア・カウンセリングの存在を知り活用してほしいという思いがある。つまり、キャリア・カウンセリングの機能を知り、活用することが、個人と社会を豊かにすることになるからである。

　このことを実現するアプローチとして、ナラティブ／社会構成主義キャリア・カウンセリングが最適だと考えている。ナラティブ／社会構成主義キャリア・カウンセリングの考え方は、対話という形を通してキャリア・カウンセラーとクライエントはともに社会的現実像を作るといわれている。このプロセスを通して、クライエントは自己と社会（仕事も含まれる）との繋がりを認識するようになる。キャリア・カウンセラーの役割は、単に自己分析支援のプロではなく、むしろ社会の中で個人が健全（自分らしく）に適応するために、クライエントと社会との繋がりの実感を強化する役割がある。そして、キャリア・カウンセラーとクライエントの関係の中で、クライエントは社会への帰属感・貢献感・自己満足感を持ち、結果的に個人が充実した人生を送ることのできる豊かな社会になるのではないかと考える。

　Savickasの社会構成主義キャリア・カウンセリングは、個人の主観的内省と意味づけを重視することによってその人らしく生活し、仕事をすることの支援を重視している。彼は自分らしく生きるための根拠・指針としてライフテ

ーマを挙げている。ライフテーマは、いわばその個人の「核」とも言える。そして、この「核」は従来の客観的アセスメントで興味や価値観を明確化するのではなく、語りを通して個人が自らの経験を意味づけし、再構成することによって立ち現れてくるのである。個人は自分の「核」を認識すると、キャリアの方向性が見え、自分らしさを実感しながら生活、仕事をするようになることは容易に想像できるであろう[*1]。そして、Savickas(2013)は、その「核」をもとにした私的な「強み」を公的な「強み」に促すようなかかわりを推奨している。これは、個人のリソースを社会へ還元することを促すようにも取れる。情報社会の進展により、個人と社会との繋がりが希薄化されている中で、キャリア・カウンセリングという特殊な対話を通じて、個の充実と豊かな社会の形成を目指すものが社会構成主義キャリア・カウンセリングだと、筆者は考える。

(2)何を教えていたのか

　ここからは、上記した「ナラティブ・キャリアカウンセリング」と「サビカスの理論」の2つの講座で、具体的にどのような内容をキャリア・カウンセラーの方に学習していただいたかを詳しく述べる。

[*1] 日本キャリア開発協会では、「経験代謝」というコンセプトをベースに、この「核」を「自己概念」の中の「在りたい自分」とし、この明確化が豊かなキャリア形成と社会成熟につながると考え、キャリア・カウンセリングの普及を目指している。経験代謝は「新陳代謝」の考え方をヒントにした日本キャリア開発協会のオリジナルの造語である。新陳代謝が肉体の健康・成長を支える生命体の機能ならば、経験代謝は、自己概念の成長を支える機能を表すことになる。そしてキャリア・カウンセリングとは、この経験代謝のサイクルを回すことを促す働きかけであるとしている。構成主義キャリア・カウンセリングは、自己を構成すること(Self-Making)を課題としている。そして、個人が経験を内省することによって自己は構成されるとしている。経験代謝は、構成主義の考え方をベースにして発案したものではないが、経験を内省により意味づけし、自己概念を成長させていくプロセスは構成主義キャリア・カウンセリングの考え方に近似していると考えられる。

経験代謝サイクル (© JCDA)

● 「ナラティブ・キャリアカウンセリング」講座

　2007年の開講当初は「日本ではナラティブ・キャリア・カウンセリングというタイトルの書籍は出版されていません」と受講者に伝えていた。当時、キャリア・カウンセリング領域で「ナラティブ」という書名を使って出版されていた洋書はCochran (1997)の"Career Counseling: A narrative Approach"だけであったと思う。ただ、SavickasやPeavyらは1990年代から構成主義キャリア・カウンセリングに関する論文の発表は行っていた。しかし、当時の日本ではWhite & Epstonを中心としたナラティブ・セラピーが注目され、ナラティブ・キャリアカウンセリングや構成主義キャリア・カウンセリングとは何か、あるいは方法論はいったいどのようなものかが、あまり伝えられていないような状況にあったと思われる。

　上記の背景の中での講座のプログラム内容は、必然的にナラティブ・セラピーの影響を強く受けた講座内容になっている（表5-1）。

　講座の内容は以下のとおりである。

1）ポストモダンと構成主義について
　ナラティブ・アプローチは社会的・哲学的思想であるポストモダンや構成

表5-1　ナラティブ・キャリアカウンセリング（10:00-17:00）

日本キャリア開発協会　向上研修

AM	ナラティブ・キャリアカウンセリングとは（講義） 理論的背景　〜ポストモダンと構成主義について〜（講義） ナラティブを創作する（実習） ナラティブ・セラピーとナラティブ・キャリアカウンセリングの違い（講義）
PM	実習 ライフライン／リフレクティングチーム　ラウンド1.2.3（実習） サビカスの理論について（講義） まとめ

主義から発生しているため、構成主義とポストモダンの「客観的事実の否定」「この世に絶対的な真実はなく、人はそれぞれ自分にとっての真実を構成する」という考え方を解説する。

2) ナラティブを創作する

Cochran (1997) はキャリア・カウンセラーの基本的能力として、クライエントの「物語のすき間を埋める」創造的能力が必要だと述べている。起承転結の「承転」のところが割愛されたケースを使用して、受験者同士が割愛された「承転」の部分のストーリーを創作する。つまり「すき間を埋めて」ストーリー作りをしてもらうのである。

この実習は、キャリア・カウンセラーがクライエントの物語 (問題) を単に傾聴する、あるいはクライエントの問題やパーソナリティに着目するよりも、クライエントのストーリーに関与していくことの重要性を実感してもらうためである。また、物語を分析する視点として Young, Valach, & Collin (2004) の「継続性、一貫性、因果関係」の概念や Savickas の「過去のパターン、現在のアイデンティティ、将来の抱負」に注目することなどを学習し、ストーリーアプローチの理解を深めていく。

3) ナラティブ・セラピーとナラティブ・キャリアカウンセリングの違い

White & Epston (1990) のナラティブ・セラピーの基本的考え方 (問題が問題である) やナラティブ・セラピーのテクニックの1つである外在化の手法を解説する。次にナラティブ・キャリアカウンセリングの特徴的な考え方 (「意味あるストーリー」を生み出す1つのまとまりとしての主観的キャリアを重視し、過去の記憶、現在の経験、そして将来の抱負に注目する) を解説する。

4) 実習

Cochran (1997) のキャリア・カウンセリング手法の「7つのエピソード」のフレームワークを説明する。最初の1番目から3番目のエピソードでは、キャリ

ア・ナラティブの意味を探り、キャリアの問題を詳しく調べ、ライフ・ヒストリーを構成し、未来のナラティブを打ち立てる。ここでは、キャリア・ナラティブから意味を読み取ることが重視されている。4番目から6番目のエピソードでは、現実を構築し、人生の構造を変え、役割を演じる。ここは役割を演じること、能動的であることが重視されている。7番目のエピソードは、意思決定の結晶化を意味する。Cochranのフレームを紹介する理由は、キャリア・カウンセリングには構造化された手法があるということを認識してもらうためである。

　講座の中では、Cochranの「7つのエピソード」の中の、2番目の「エピソード」である「ライフ・ヒストリーを構成する」という場面として、ライフラインを使用した実習を行う。Cochranもライフラインを「語りに力を与える技法」として考え、ライフラインを使用したキャリア・カウンセリングを推奨している。さらにライフライン実習を進行するにあたっても工夫を凝らし、Andersen (1992) のリフレクティング・チームの考え方を応用した実習を行っている。

　受講者が3人一組に分かれ、1人が語り手、あと2人が聞き手となる。最初に語り手が自己のライフラインを語り、語り終わると聞き手同士が語り手の印象、持ち味などを話し合う。その際、語り手は聞き手2人の会話には参加できない。語り手は聞き手2人が自分について話している「テレビ番組」を見ているような感覚をもつ。

　聞き手同士の話し合いの終了後、語り手が聞き手2人の会話を聞きながらどのような感想をもったかを3人でシェアする。次に、語り手を変えて、同じプロセスを繰り返す。自己のストーリーを再点検や再構成してもらうために、①他者からの多様な見方によって、ナラティブ・セラピーでいう「脱構築」、②他者(聞き手)から承認されたり、他者(語り手)をエンパワーしたりする過程を体験してもらう。

5) サビカスの理論

Savickasがナラティブやストーリーをどう捉えているのか（ストーリーとしてのキャリア、ナラティブアイデンティティ、構築、脱構築、再構築やマイクロナラティブ、マクロナラティブなど）を解説する。

● 「サビカスの理論」講座

Savickasのキャリア構成理論の基本的枠組みが日本で紹介されていく中で、特にキャリア・ストーリー・インタビュー（Career Story Interview：以下「CSI」）の具体的なやりとりを学習したいというキャリア・カウンセラーのニーズに対応するために、「サビカスの理論」講座を開講した（表5-2）。特に、CSI後に活用するライフポートレートや早期回想についてのガイドラインを学習できる内容にした。まだ講座の初めには、CSIを実践するためには高いレベルのカウンセリング能力と実践経験が必要であることを強調している。

講座の概要は以下のとおりである。

1) サビカスのキャリア構成理論

サビカスの理論の基本構造（職業パーソナリティ：キャリア適合性：ライフテーマ）とナラティブの基本概念（構築、脱構築、再構築やマイクロナラティブ、マ

表5-2 サビカスの理論（10:00-17:00）

日本キャリア開発協会　向上研修

AM	サビカスのキャリア構成理論（講義）
	カウンセリングプロセス（講義）
PM	キャリア・ストーリー・インタビュー（モデルインタビュー） 　　1) ねらいと構成 　　2) 実習（ペアロールプレイ） ライフポートレートについて ケース検討 まとめ

クロナラティブなど)を学習する。

2)カウンセリングプロセス

CSIイコールSavickasのカウンセリングであると勘違いしているキャリア・カウンセラーは多い。そこで、CSIを含んだカウンセリングのプロセス(オープニング⇒構築⇒脱構築⇒再構築⇒協働構築⇒実行⇒クロージング)の全体を学習する。

なお、Savickasは2015年にはキャリア構成カウンセリングをライフデザイン・カウンセリング(Life-Design Counseling)と呼んでいる。また、CSIもキャリア・コンストラクション・インタビュー（Career Construction Interview）としている。

3)キャリア・ストーリー・インタビュー

①CSIの構造解説

CSIのフレームワークと、5つの基本質問[*2]（ロールモデル、雑誌、お気に入りのストーリー、モットー、早期回想）の意図と理論的背景を学習する。筆者は次のような学習方法で受講者の理解を深めている（表5-3）。

②-1　モデルインタビュー

モデルインタビューは、受講者全員の前で、クライエント役としてインタビューを受けてみたい受講者(代表者)を募る。講座運営の効率化の観点から、受講者には事前に5つの質問を準備してもらっている。

まず、キャリア構成カウンセリングのオープニングの質問である「私はどのようにお役に立てますか」について、この質問の意図は①目標の明確化、②「援助(help)」ではなく「役立つ(usefulness)」という言葉にこだわっている背

[*2] 5つの基本質問は「あなたは成長する過程で(6歳ごろ)、誰に憧れましたか？　その人について話してください」「あなたが定期的に見ている雑誌やテレビ番組は何ですか？　その雑誌や番組のどんなところが好きですか」「あなたの好きな本、または映画は何ですか？　そのストーリーを話してください」「あなたの好きな格言や、指針となる言葉(モットー)を話してください」「あなたの幼少期の最初の思い出は何ですか？　3つの思い出を話してください」。詳しくはSavickas（2011）を参照。

表5-3　インタビューの手順

	項目		内容
①	キャリア・ストーリー・インタビューの構造解説		インタビューの構造と5つの質問の目的を解説する
②	1	モデルインタビュー	受講者は筆者と受講者（代表者）が受講者たちの前でインタビューしているのを観察する
	2	受講者同士（ペア）でインタビュー	モデルインタビューを観察していた受講者がペアになり、お互いにインタビューをする。終了後、感想を述べる。終了後、気づいたこと、疑問をクラス全体で共有化する
	＊モデルインタビュー→受講者同士のインタビュー→全体シェアのサイクルを5つの質問ごとに実施する		

景、③オープニングの質問に対するクライエントの応答がカウンセリングの方針・指針になることなどを解説する（Savickas 2011, 2015）。モデルインタビュー場面では、「自分の悩み」を受講者全員の前でオープンにしてよいという代表者はそれほど多くない。したがってオープニング質問に関しては、解説だけにとどめることもあるが、「悩み」を話してもよいという代表者はその内容を開示してもらいモデルインタビューが始まる。

次に、代表者に「あなたが、子どものころ尊敬した、あるいはあこがれた人物（ロールモデル）は誰でしたか？　その人物について話してください」と質問する。モデルインタビューが始まる前にインタビューのやりとりを観察する受講者全員に対して「皆さんも私と同じ立場（キャリア・カウンセラー）になったつもりで、クライエント役である代表者に質問をしてください」とお願いするので、受講者からの質問も代表者によくされる。観察している受講者からの効果的な質問も多くあるが、意図が不明などの質問に対しては、インタビュアー（筆者）が介入することもある（「意図は何ですか？」「別な言葉で表現すると、どうなりますか？」「その質問は彼（彼女）にどんな役に立ちますか？」など）。インタビュー終了後、クライエント役になってもらった代表者に感想を発表してもらう。

②-2　受講者同士（ペア）でインタビュー

　その後、受講者から「尊敬する人物」の質問に関するインタビューに関する質疑応答を行い、感想もシェアする。「尊敬した人物」の質問に関するモデルインタビューが終わると、次にモデルインタビューを観察していた受講者同士で「尊敬した人物」のインタビューを交互にインタビューする側とされる側を体験する。終了後、全体でシェアする。「尊敬した人物」のセッションが終わると、代表者を別な受講者に変えて、同じ要領で次の質問のモデルインタビュー、受講者同士のインタビューを5つ目の質問まで順次行う。

　上記の進め方が基本だが、受講者の反応や時間の都合によって、いろいろ進め方を変更する場合もある。たとえば、1つ目（「尊敬する人物」）か2つ目（「好きな雑誌」）の質問に関するモデルインタビューを全員の前で行った後、残りの3つの質問は、直接、筆者から受講者らに質問して回答してもらうこともある。受講者らのそれぞれの応答内容の違いを認識することによって、学びが深まる。

　また、早期回想に関してのモデルインタビューには注意が必要である。「つらい記憶や人に話したくないことを開示する必要はない」という前提でインタビューを行っている。この点に関して、Rehfuss（2007）は、キャリア・ストーリー・インタビューのトレーニングにおいて、多数の受講者の前で早期回想を体験させる場合には、「幸福」にまつわるタイトルがつくような回想を開示するようにしているとし、「受講者のプライバシーに十分な配慮が必要だからだ」と指摘している。筆者は受講者の様子等を観察し、場合によっては早期回想のモデルインタビューをせずに、ケース紹介だけの場合もある。

　早期回想は、Adlerの早期回想の考え方をベースに解説する。Adler（1931）の「自分自身の限界や状況の意味についてクライエントが持ち続けている思いである。『偶然の記憶』というものはない。個人が受ける無数の印象の中から、どれほどぼんやりとではあれ、自分の状況に関係あると感じられるものだけ記憶しているのである」という前提を理解する。また早期回想の定義と「思い出としての報告」と「早期回想」の違いや早期回想の記述的特徴などを、

以下のような短めの事例を数例使って解説している。

> 事例（8歳）「私たちは、『お山の大将ごっこ』をしていました。みんなはてっぺんに登る時、お互いに押し合いをしていましたが、私は反対側からこっそり登って、邪魔されないでてっぺんまで登りました。どれくらいの時間てっぺんにいたのかわかりませんが、そこにいて気持ちが良かったのは確かです」（Shulmann & Mosak 1988）。

そしてCSIの際に、早期回想の内容をキャリア・カウンセラーがどのようなやりとりで深めていくのかについて解説する。

4）ライフポートレート

キャリア・カウンセラーは、CSI後、ライフポートレートをまとめる。Savickas（2011）はライフポートレートを「クライエントの捉われ、自己概念、お気に入りの場、支配的な台本、自己への助言を職業上の筋書きやキャリアテーマ、キャラクター・アークの1つの描写へと体系化するマクロナラティブ」と定義している。講座ではSavickasが紹介しているライフポートレートと、筆者自身が実践してまとめたライフポートレートの内容を紹介、検討している。最近、Savickas（2015）はライフポートレートの書き方の指針を発表している。

5）ケース検討

クライエントの捉われ、自己概念、お気に入りの場、支配的な台本、自己への助言、キャリア適応などの観点からSavickas（2011）と筆者の事例を検討する。

(3) キャリア・カウンセラーの捉え方

それでは、キャリア・カウンセラーである受講者はナラティブ／社会構成

主義キャリア・カウンセリングをどのように捉えているのかを、講座受講後のアンケート結果や受講者の研修中のコメントなどから整理してみたい。前出の「ナラティブ・キャリアカウンセリング」講座の全体の感想の記述内容では「面白い」「わくわくした」「新鮮だった」「カウンセリングの新しい形だ」「新しい観点からのカウンセリングの在り方を体験できた」等、全体的には好意的な反応が多い。受講者が「参考になった」と感想を述べていることは、やはり、具体的な手法である外在化の手法やリフレクティング・チームについてのコメントが多い。「語ることで、意味づけをし、認知を変えることができる。クライエントの行動にも変化をもたらすことが理解できました」「意味づけの大切さ。未来に向かっての物語が大切だ」「人生の意味を考えてよいのだと認識しました」などのナラティブ／社会構成主義キャリア・カウンセリングの特徴を踏まえたコメントもある。しかし、少数意見であるが、「概念的には、従来のカウンセリングとは異なるのは理解できたが、実習してみると傾聴との違いがわからない」「時間がかかる」「話を聞いているだけで、問題解決につながらず役に立たない」という意見もある。

　次に「サビカスの理論」講座である。「サビカスの理論」も「ナラティブ・キャリアカウンセリング」講座と同じように、受講者の全体的感想は「面白かった」「楽しくためになった」「すばらしい気づきの時間になった」と肯定的意見が多い一方で、「難しかった」「さらなる勉強が必要だ」「アドラーや精神力動論も関係していると知り、もっと勉強しなくてはいけないと思った」という意見もある。

　また、「サビカスの理論」講座の感想については、数名の実践家に講座終了後に自由質問形式でアンケートを行った（表5-4-1 ～ 5-4-3）。

　キャリア・カウンセラーのコメントからわかるように、ナラティブ／社会構成主義キャリア・カウンセリングについては、おおむね好意的に捉えられており、積極的な活用も志向していることが明らかになった。一方で課題も見えてくる。この課題については後述する。

　「サビカスの理論」講座は、ナラティブ・アプローチ初学者を対象に入門

表5-4-1　全体的感想・印象

- 語る中で自分の中で「WHY」「WHAT」「HOW」など内省が深まったり、自分自身の矛盾点に気づいたりしておりました。語り、その後、ライフポートレートで「見える化」することで再度、内省を深めていくという感覚でした。非常に体温が上がる貴重な体験でした。
- 「自己概念がより明確になる」効果は抜群だと思われる。
- インタビューの答えをもとにカウンセラー側がクライエントのストーリーを構成するところは、少し精神分析のセラピストが解釈するような印象ももちました。
- 構成主義についても、日常の会話の中で作られる自己概念、会話によって作られ、会話によって変えられる、すなわち、言語により私たちの経験の世界が作られているからこそ、語ることが重要であると認識することができました。

表5-4-2　実践場面の応用

- （学生支援）自己理解をテーマにセミナーを行ってみました。キャリア・ストーリー・インタビューの質問の「好きな登場人物」を3名挙げてもらい、なぜ好きなのか？　3名の共通点を考える等の問いから、自分を見つめてもらいました。学生は楽しく真剣にワークに取り組み自己理解を進めていました。（今までにないアプローチで興味深く、自己理解を深めていけそうというアンケートでの声が多かったです）
- （学生支援）ライフポートレートに関しては喜ばれるとは思いますが、個人的には学生支援では慎重になるように思います。学生のほうはたいへん素直で、こちらのささいな発言も覚えていて、「先生、あのとき、こう言ったではないか」と言われることもしばしばあり、「ライフポートレートどおりにしよう」と受け止める学生も少なからずいるのではないか、という懸念からです。
- カウンセラー側が構成したストーリーを学生が鵜呑みにするのではなく、それを読んで（聞いて）、どう思うのか、しっくりくるかor違和感があるか、を発言できる環境や対等な信頼関係が重要だと思いました。あくまでも最初のカウンセラーが構成したストーリーを基に、自分がもう一度、考えたり意味

づけすることが大事だということを、カウンセラーも学生も理解して取り組むことに留意したいです。
- 実践に即していると思われるものが多く含まれていると思います。インタビューの一部を、自分のカウンセリングに導入するケースもあります。クライエントも話しやすいテーマなため、好意的関心を持ちながら信頼関係を構築しながらの面談ができるということもあります。
- （学生支援）印象に残っている本があまりない、と答えたクライエントもいました。また、多くの学生が雑誌も（サークル、部活の関連雑誌は読むが……）読むことは少なく、テレビもあまり観ていないという現状に驚きました。クライエントに語ってもらう場合、語彙力のサポートをすることも必要だと感じます。SNSなどのコミュニケーションが通常の連絡手段となっていることが影響を及ぼしているのかはわかりませんが、語彙力が乏しいと感じるクライエントもいます。
- 新人教育の相談に活用してみたい。

表5-4-3　課題

- 構造化されているからこそ、自分で過信してしまったり、ツール化してしまう危険性があるかと思います。一人ひとりに向き合うことが大切だということを常に意識する必要があると感じました。
- 知っている物語などの場合、やはり傾聴を意識することが重要だと感じています。知っているストーリーであると、カウンセラーの主観で聴いてしまうことがあるからです。クライエントの話を、要約する際に少しの主観が入ることで、クライエントが語るものと、小さなズレを生じる場合もあるので、その都度修正しながら、クライエントが語るストーリーに集中し聴くことを大切にすることが必要だと感じています。
- 早期回想は難しい（怖い）と感じています。人によっては他人に話したくないものやメンタルにつながるものであるとか、リファーしなければならない人の領域に触れなければならない状況もあるのかと。（同様の意見複数あり）

講座としての位置づけで開講しているが、講座での学習時間がかなり短く、Savickasのキャリア構成カウンセリングの一部しか学習できない。前述したように、受講後のアンケートにも「自分で体験してみないと活用できない」「実践で活用できるように勉強会を立ち上げたい」「ライフポートレートを作成する時間がほしい」という記述が多い。

　そこで、長期的、かつ実践的にキャリア構成理論を習得するためのカリキュラムを考える上で参考になる、Rehfuss (2007) が実施したカリキュラム実践例を紹介したい。彼は、大学院博士課程のカリキュラムの一部 (16週間のうちの5週間) にキャリア構成理論をカウンセリングカリキュラムに取り入れた。表5-5は、カリキュラム内容の概要である。

　Rehfussのカリキュラムの特徴は、①キャリア構成理論だけではなく、背景となる基本理論を深く学習する、②ケース研究、観察学習、代理学習 (Savickasの面接場面のビデオ視聴や訓練のためのインストラクターと学生のインタビュー場面の共有化等) を効果的に取り入れている、③実践場面の設定と振り返り、評価場面がある、④講義での討議や掲示板コメント (オンライン上) のシェアによって、学生間の多様な意見や情報を共有化し、大学院生のカウンセリング能力を高めているなど、さまざまな実践的な配慮をすべき要素が含まれている。

　Rehfussはクライエントのナラティブケースレポート、掲示板上のコメント (オンライン)、最終評価アンケートを分析した結果、このカリキュラムを受講した大学院生はCSIはクライエントにとって役に立つと評価している。

　アンケートの中には、CSIの効果が実感された内容がいくつもある。例えば、CSIは有効だと答えたある大学院生は「カリキュラムを受講する前は、キャリア構成理論に懐疑的であった。なぜならば、クライエントの個人的な語りは個人が思い違いしていたり正確でなかったりする情報であり、場合によってはクライエントの責任回避のために語りが使われているから」というコメントも興味深い。また、多くの大学院生はカウンセリングカリキュラムに、キャリア構成理論とCSIを取り入れるべきだと述べている。しかし一部の大

表5-5 カリキュラム内容(Rehfuss(2007)の論文を筆者が要約)

内容／進め方	留意すべきこと・備考
1．講義・実習	
1）キャリア構成理論（テキスト、ケース研究を含む論文）講義・討議	＊特に、スーパー、ホランドの理論またライフテーマに関する諸理論に関する文献学習をする
2）サビカスのDVDの視聴・解説・討議	モデルロールプレイとして視聴する
3）CSIの内容・進め方の講義・実習・振り返り A）受講している大学院生が自らインタビューの質問に答える。B）ケース検討	＊質問の意図、やりとりの仕方を理解する ＊検討の切り口として職業パーソナリティ、キャリア適合性、ライフテーマ、成功の方程式の要素が含まれる
2．実践（大学院生が実際のクライエントにCSIを実施する）	
1）CSIの実施	＊クライエントは、同じコースを受講している学生や身内は避ける ＊クライエントは、キャリアの問題に悩んでいる人ではあるが、キャリアクライシス（危機）状況の人は避ける
2）クライエントとの話し合い（アセスメント結果共有）	＊アセスメント内容を話し合う（共構築）
3．評価（振り返り）	
1）ナラティブケースレポートの作成	＊クライエントの基本情報：ホランドコード：CSIのインタビュー内容：早期回想：キャリア適合性：ライフテーマ：成功の方程式：モデル（理論）の有効性等
2）掲示板上のコメント（オンライン）コメント、シェアリング	＊実践の感想を掲示する。また、カリキュラムを受講した他の大学院生が掲示したコメントに関しても意見交換する
3）最終評価アンケート	＊講義から実践までの全体的な感想

　学院生は、CSIにふさわしいクライエント（「能力的に高いクライエントにはCSIは有効だと思う」）の問題、時間（インタビューに比較的時間がかかる）の問題等が、今後の検討すべき課題として報告している。
　また、Rehfuss, Cosio, Corso (2011)らは、CSIを実際に使用したことがある34名のカウンセラーを対象にCSIに対する評価について調査している。調査は質問紙法(31問の7段階のリッカート尺度形式と複数の自由記述形式の質問から

なる)で行われた。

31問の内容は4つに区分される。

①CSIの有用性　例「CSIはクライエントに役に立った」

②自己理解　例「CSIはクライエントの自己理解に役に立つ」

③意思決定、動機づけ、選択肢　例「CSIはキャリアの方向性を決定するのに役に立った」

④CSIの使用についてのカウンセラー自身の評価　例「カウンセラーとして、私はクライエントのライフテーマを明確にするのにCSIは役に立ったと感じた」

自由記述形式の質問として、

①CSIを使用してみての感想・印象は？

②CSIが最も役に立ったことは何か？

③CSIについてキャリア・カウンセラーに知らせたいことは何か？

④CSIの質問をすべて行うか？

⑤CSIを利用しない理由は？

などがある。

31問の7段階のリッカート尺度の結果は表5-6のとおりである。

表5-6の結果にあるように、4つの各区分の質問に関して、7段階評価中平均点が5点以上を示していることから、カウンセラーはおおむねCSIに対して好意的で、有用性も感じていると推測できる。さらに、自由記述形式の質問を合議制質的研究法(consensual qualitative research：CQR)で分析を行った。その結果として判明したことは「カウンセラーはCSIを使用した経験を好ましい言葉を使って表現する」「CSIはカウンセラーに役立つ」「CSIに対する評価」「CSIは総合的キャリアツールである」「CSI使用上の障害」のカテゴリーに関する記述が確認できた。

「カウンセラーはCSIを使用した経験を好ましい言葉を使って表現する」に関しては、前出した「サビカスの理論」講座の受講者やRehfussのカリキュラムを受講した大学院生の感想とほぼ同じような、CSIに対する好ましい印象

表5-6　CSIを使用したキャリア・カウンセラーの評価

区分と質問内容（一部）	平均値	標準偏差
CSIの有用性	4.72	－
「CSIはクライエントに役に立った」	5.35	1.13
「私はCSIに関わることを他のカウンセラーに薦める」	5.85	1.21
自己理解	5.22	－
「CSIはクライエントの自己理解に役に立つ」	5.41	1.25
「CSIはストーリーとしてクライエントの人生を理解してもらうことに役に立つ」	5.68	1.25
意思決定、動機づけ、選択肢	5.27	－
「CSIはクライエントのライフテーマを明確にするのに役に立つ」	5.71	1.29
「CSIはクライエントのキャリアの方向性を決定するのに役に立つ」	5.42	1.44
CSIの使用についてのカウンセラー自身の見方	5.44	－
「カウンセラーとして、私はクライエントのライフテーマを明確にするのにCSIは役に立ったと感じた」	5.79	0.88
「カウンセラーとして、私はクライエントのキャリアの課題を評価することにCSIは役に立ったと感じた」	5.41	0.88

＊ Rehfuss, Cosio, Corso（2011）の結果の一部を掲載
＊ 7段階評価（1「まったく当てはまらない」～7「まったく当てはまる」）

を述べる回答になっていると言ってよいだろう。次に「CSIはカウンセラーに役立つ」は、表5-6の質問結果とほぼ同様と言える。「CSIに対する評価」の記述は、「CSIはクライエントに脅威を与えない」「簡単に使える」「楽しく使える」という好意的な評価記述はあるものの、「マニュアルが必要だ」「もっとシンプルな方向性が必要だ」「ライフテーマと特定の仕事との関連を明確にすることが必要だ」などの「CSI使用のわかりやすさ」を求めている記述もあった。また「結局、CSIを使いこなすためには、多くの訓練時間や質の高いカウンセリングスキルが必要だ」というコメントもあった。

「CSIは総合的キャリアツールである」に関しては、「仕事だけではなく、ライフテーマを背景とした総合的なキャリアを検討できるツールである」としてカウンセラーが認識していることがわかる。

最後の「CSI使用上の障害」は、CSIを使用する機会があまりない、自分が担

当するクライエントにはCSIは適さないという記述である。

　事例2：語れないキャリア・カウンセラー（Bさん・40代後半・男性　公務員）
　「ナラティブ・キャリアカウンセリング」講座を受講したBさんは、講座中、浮かない様子で受講していた。「どうしたんですか？」と聞くと、「いや別に。話すことがないのですよ。そもそも、日本人は寡黙だから話すのが得意じゃないかもしれませんよね」と反発モード。しかしBさんの周りの受講者は大いに語っていたのだが……。後日、Bさんから連絡があり「実は、私は就職支援の仕事をしているのですが、この前の講座で自分がいかに自分の人生を語れないかショックを受けました。つまり、語れない私が今の仕事をする資格があるのか考えてしまいました。……でも、こんな私でも何かあるはずなんです。もう一度真剣に語りたいのです。キャリオグラムをしていただけませんか？」と。人には語りが必要なのだ。そして、「人であることは、話すべきストーリーを持っているということである」というある小説家の言葉は彼のためにあるのではないかと思ってしまう。

●キャリア構成カウンセリングおよびCSIの課題
　ここでは、特にSavickasのキャリア構成カウンセリングおよびCSIを活用するキャリア・カウンセラーを養成するにあたっての課題を述べてみたい。

1)トレーニング内容
　Rehfuss, Cosio, Corso (2011) らは「CSIを実践するためのトレーニング時間はどの程度必要であり、カウンセリングスキルはどの程度のレベルが要求されるかは、今後の研究に期待される」と指摘している。
　時間数やスキルのレベルの明確化とともに、どんな内容をトレーニングすべきなのか。そこで、キャリア構成カウンセリングの実践にあたって、何を学習、習得しなければならないのかを検討するために、Savickas (2011, 2015) がキャリア構成カウンセリングを解説する際に引用している理論や技法の一部

表5-7　キャリア構成カウンセリングにて引用、参考にしている技法・理論（一部）

技法／考え方	・早期回想（Adler, Clark）・勇気づけ技法（Adler）・転機を構成する感情（Kelly）・認識反射（Dreikurs）・感情焦点化療法（Angus & Greenberg）・ヘルピングスキル（Carkhuff）・増幅法（Jung）・自己主張訓練・解決技法・メタファー技法			
中核的理論	ホランドの理論	スーパーの理論	精神力動理論（特にアドラー理論）	社会構成主義／ナラティブ理論
その他理論	ロジャーズの理論	認知行動理論	クルンボルツの理論	／

キャリア構成カウンセリングにおいて特に焦点が当てられている（重点が置かれている）理論を「中核的理論」とし、それ以外の理論を「その他理論」と筆者が区分けし表記した。

をリストアップしてみた（表5-7）。

　表5-7からもわかるように、CSIを含むキャリア構成カウンセリングは幅広いカウンセリングプロセスなので、さまざまなカウンセリングやキャリア・カウンセリング理論の考え方が包含されていることがわかる。当然、リストアップされた技法や理論だけでなく、基本的なカウンセリングに必要なスキルや態度の習得は言うまでもないだろう。今後の実践を通して、学習項目が明確になることを期待したい。

　2）早期回想について

　「サビカスの理論」講座のアンケートにおいても「早期回想をもう少し体験したい」「幼少期の記憶が今の自分の価値観に結びついているとわかり驚いた」などという「早期回想」に関するキャリア・カウンセラーのコメントは多い。しかし、前出の表5-4-3で示したように、実践家の意見も「早期回想」に対して慎重な姿勢、コメントが多く、Savickas（2011）も「幼少期の思い出という基礎的なストーリーは、それ以降のストーリーとは異なり、クライエントの個人的なドラマの脈打つ核心を衝いている」と「早期回想」の重要性を指摘しつつ、早期回想が深い自己解釈を喚起する可能性があることから、「カウンセラーは強い感情に対処する覚悟ができていないときは、クライエントに幼少期の思い出について質問すべきではない」としている。

日本でCSIを紹介している著作物や論文を調べてみても、「早期回想」の質問に関して、詳しく解説されているものは少ない。この理由は、Savickasが指摘しているように、キャリア・カウンセラーの「早期回想に関する浅い知識と経験」では、クライエントを傷つけてしまうという危惧が背景にあるかもしれない。筆者もこのような危惧に同意する1人である。また、臨床心理学の分野で考えると、「早期回想法」は「投影法」に当たる。投影法の基本も学習していなければならないし、また投影法のマスターも一般的には長い訓練時間が必要であろう。筆者は現在でも、早期回想の解釈やクライエントの対応については、アドラー心理学の専門家のスーパーバイズを受け早期回想に関する研鑽を続けている。ただ、「早期回想」を含んだCSI本来のフルバージョン（5つの質問）でのキャリア構成カウンセリングの実践を推進するためには、やはり「早期回想」の理解、解釈、そして具体的なクライエントへの対応方法を実践家が熟知しなければならないであろう。そのためには、「早期回想」について学習の場（ケース研究を含めて）の確保やマニュアル作成がキャリア構成カウンセリングの普及には必要であろう（最近Savickasは"Life-Design Counseling Manual"（2015）を出版している）。

3）効果について
　キャリア構成カウンセリングという介入が、果たしてクライエントに効果を及ぼしているのかということを忘れてはならないだろう。それでは、効果とは何か。実践的には、クライエントの問題が解決、除去されれば効果があったと言えるかもしれない。心理支援領域では、効果を検討する上では①クライエント自身が行う評価、②カウンセラー自身が行う評価、③心理検査的評価（効果測定ツール）などいろいろな効果測定方法がある。
　Savickas（2015）は、クライエントの目標を達成するためにキャリア構成キャリア・カウンセリングの効果を「結果」と「プロセス」の観点から検証する必要性を指摘し、「いくつかの効果測定ツールを利用して、現在でもカウンセラーとしての自分自身の成長に役立てている」と述べている。

表5-8　Future Career Autobiographyの分析の視点

テーマ	内容
人生の質	達成／人間関係／安全／冒険
職業的願望	肯定的／否定的
変化の程度	1) 漠然とした領域、願望から特定化された領域、願望に 2) 漠然とした関心から特定化された興味 3) 漠然とした職務から特定化された職務 4) 散漫から方向が明確に 5) あいまいから集中に 6) 後ろ向きから前向きに 7) 閉塞から開放に 8) 停滞度合

Rehfuss（2009）を筆者が訳した。

　効果測定ツールは通常「量的ツール」と「質的ツール」に分類される。ナラティブ／社会構成主義キャリア・カウンセリング分野では、例えば、「量的ツール」としては"the Undergraduate Career Choice Survey (UCCS)"のように「不安」「不決断」「不安定」「不確実」に関連する質問に対して4段階で評価するツールもあり、「質的ツール」に属するRehfuss (2009)の"the Future Career Autobiography（以下「FCA」）"などもある。ここではFCAを簡単に紹介してみたい。

　FCAはクライエントに「5年後、どこで生活をし、どんな職業をしていたいのか」を短い文章に記述するツールである。記述の時間はわずか10分間である。キャリアカウンセリングの効果を測定するために、キャリア・カウンセリングを受ける前と受けた後にFCAを記述してもらう。記述内容の違いを質的分析にかけて個人の職業的ナラティブの変化を測定する。分析の結果、価値観を表す「人生の質」と「職業的願望」そして8つの「変化の程度」を示す3つのテーマが抽出され、キャリアカウンセリングの介入によって、3つのテーマに質的な変化が表れるとした（表5-8）。

　今後は介入の効果や評価がナラティブ／社会構成主義キャリア・カウンセラー養成においても重要な課題になるであろう。

コラム──キャリア・カウンセリングの新潮流
「ナラティブ・キャリアカウンセリング・アプローチ」

　もし、あなたが「今までの人生の中で転機となった経験をお話ししていただけますか」と頼まれたら、何を、どの程度、どのような展開で語りますか？

　例えば、ある人は克服すべき問題が生起し（始まり）、その問題の解決に挑み（中間）、そして終わりでは、問題の解決がなされた転機について語るかもしれません。この語りは、語り手が意図した話の筋立てをもとに展開されるでしょう。また転機の際に起きた出来事を時系列にだらだら話さずに、おそらくその人なりの筋立てに合う出来事を取捨選択して語るのではないでしょうか。

　ナラティブ・キャリアカウンセリングの「ナラティブ」とは、出来事と出来事を結びつけて筋立てる行為を意味し、「物語」と訳されています。人は人生（自分史）を物語る際に、その人なりの独自の筋立てをもとに語ります。同じ出来事であっても、それぞれの人の筋立てによって、人生全体に意味づけは大きく変化します。ナラティブ・キャリアカウンセリングは、この意味づけが物語の果たす本質的役割と見なす考え方であり、「物語がキャリアを構築する」と提唱します。（中略）また、人は過去の経験とともに、自分の未来についても、そこに意味があることを求めます。クライエントは、未来についても、過去や現在の物語と同様に、自己の物語を語りますが、ナラティブ・キャリアカウンセリングにおいては、未来の物語の土台は、過去と現在の物語によっても形成されると考えられています。特に未来に関してコクラン（Cochran）は「未来のナラティブを構築することは、その人の最も根源的な動機、強み、興味、価値観を1つの形にまとめようとする試みである」と指摘しています。

　サビカス（Savickas）は「現在のキャリア・カウンセリングが取り扱うテーマは、人と仕事のマッチングから、職業が個々人にとってどんな意味を持つのかという個人的意義へとシフトしている」と主張しています。この主張に基づけば、物語というアプローチによってクライエントの主観的体験に焦点を当てたナラティブ・キャリアカウンセリングは、まさに「個人的意義」を奥深く内省す

> るうってつけのアプローチとして考えられないでしょうか？
> ——日本マンパワー「キャリア・カウンセラー養成講座テキスト3」(2011) より

参考・引用文献

Adler, A. (1931) *What Life Should Mean to You*. Little, Brown.（岸見一郎（訳）(2010)『人生の意味の心理学 上・下』アルテ）

Andersen, T. (1992) *The Reflecting Team: Dialogues and Dialogues About the Dialogues*. W. W. Norton.（鈴木浩二（監訳）(2015)『リフレクティング・プロセス——会話における会話と会話』金剛出版）

Cochran, L. (1997) *Career Counseling. A Narrative Approach*. Sage Publications.

宗方比佐子 (2012)「構成主義キャリアカウンセリングの現代的意義と課題」『金城学院大学論集 人文科学編』7 (1), pp. 91-102.

McMahon, M. & Parton, W. (2006) *Career Counseling: Constructivist Approaches*. Abingdon, Oxon: Routledge.

Mosak, H. H. & Maniacci, M. P. (1999) *A primer of Adlerian psychology*. Routledge.（キャラカー京子（訳）(2006)『現代に生きるアドラー心理学——分析的認知行動心理学を学ぶ』一光社）

Mosak, H. H. & Pietro, R. D. (2006) *Early Recollections*. Routledge.

日本キャリア開発協会 (2009)『キャリアカウンセリングとは何か』日本キャリア開発協会.

大原良夫 (2011)『キャリア・カウンセラー養成講座テキスト3』日本マンパワー, pp. 69-70.

Rehfuss, M. C. (2007) Teaching career construction and the Career Style Interview. *Career Planning and Adult Development Journal*, 25, pp. 68-76.

Rehfuss, M. C. (2009) The Future Career Autobiography: A Narrative measure of career intervention effectiveness. *Career Development Quarterly*, 58, pp. 82-90.

Rehfuss, M. C., Cosio, S., & Corso, J. D. (2011) Counselor's Perspectives on Using the Career Style Interview With Clients. *Career Development Quarterly*, 53, 208-218.

Reid, H. L. (2006) Constructivism: What does it mean for career counseling? In McMahon, M. & Parton, (eds.) *Career Counseling: Constructivist Approaches*. Routledge.

Russell, S. & Carey, M. (2004) *Narrative Therapy-Responding to Your Questions*. Dulwich Centre Publications（小森康永・奥野光（訳）(2006)『ナラティヴ・セラピーみんなのQ&A』金剛出版）

Savickas, M, L. (2006) *Career Counseling (Special Treatments for Specific Populations Video Series)*. Washington DC. American Psychological Association.

Savickas, M, L. (2011) *Career Counseling*. American Psychological Association.（日本キャリア開発研究センター（監訳）(2015)『サビカス キャリア・カウンセリング理論——〈自己構成〉によるライフデザインアプローチ』福村出版）

Savickas, M, L. (2013) Career construction theory and practices. In Lent, R. W. & Brown, S. D. (Eds.) *Career development and counseling: putting theory and research to work (2nd)*, 147-183. Hoboken, New Jersey: John Wiley & Sons.

Savickas, M, L. (2015) *Life- Design Counseling Manual.* www.Vocopher. com.

Shulmann, B. H. & Mosak, H. H. (1988) *Manual for Life Style Assessment.* (前田憲一（訳）(2000)『ライフスタイル診断』一光社）

Thorngren, J, M. & Feit, S, S. (2001) The Career-O-Gram: A postmodern Career Intervention. *Career Development Quarterly,* 49, pp. 91-304.

Young, R. A. & Collin, A. (2004) Introduction: Constructivism and Social Constructionism in the Career Field. *Journal of Vocational Behaviour,* 64. pp. 313-388.

渡部昌平（編）(2015)『社会構成主義キャリア・カウンセリングの理論と実践——ナラティブ、質的アセスメントの活用』福村出版．

White, M. & Epston, D. (1990) *Narrative Means to Therapeutic Ends.* W. W. Norton & Company. (小森康永（監訳）(1992)『物語としての家族』金剛出版）

第6章
キャリアコンサルタント向け学習コミュニティにおけるナラティブ／社会構成主義キャリア・カウンセリング

新目 真紀

1. はじめに
（キャリアコンサルタント向けの学習コミュニティにおいてナラティブ／社会構成主義キャリア・カウンセリング技法を導入する利点と課題）

(1) キャリアコンサルタント向けの学習コミュニティとは

　周知のとおり、キャリアコンサルタントとは「人が職業生活を営む上で起こるさまざまな問題についてのキャリア・コンサルティングを行う人」のことを指す。キャリアコンサルタントは2016年4月より国家資格となり、それまで「キャリア・カウンセラー」「キャリア・コンサルタント」「キャリアコンサルタント専門士」「キャリアコンサル」とさまざまな名称で呼ばれていたものが、職業能力開発促進法の施行により、国家資格としては「キャリアコンサルタント」という名称に統一されるようになった。本稿では、日本でキャリア支援にあたっている資格認定者の学習コミュニティについて紹介する。学習コミュニティの中には、キャリア支援について体系的に学び、資格認定は受けているが、キャリアコンサルタントとしての国家資格登録をしていない者もいるが、「キャリアコンサルタント」という名称に統一して話を進めさせていただく。

　さて、国家資格化にともないキャリアコンサルタントの定義が少し変わったのをご存じだろうか？　国家資格になる以前の定義は「個人が、その適性や職業経験等に応じて自ら職業生活設計を行い、これに即した職業選択や職業訓練等の職業能力開発を効果的に行うことができるよう、個別の希望に応じて実施される相談その他の支援」であったのが、現在は、「労働者の職業の

選択、職業生活設計又は職業能力の開発及び向上に関する相談に応じ、助言及び指導を行うこと」となった。従前にあった「相談その他の支援」といった、少し曖昧な表現が、「相談に応じ、助言及び指導を行うこと」とだいぶ明確になったように筆者は感じる。人が職業生活を営む上では、就転職に際して職業を選択するだけでなく、将来にわたって職業生活に関する設計を行ったり、その過程で必要な能力を開発したりする。経済のグローバル化と高度情報化の進展は、多くの人の職業生活に影響を与え、ここ20年で労働市場や職場環境は劇的に変化しており、人々はさまざまな環境のなかで、職場や地域社会から要請される発達課題に取り組むだけでなく、予期せぬ転機を経験したり、それにともなう精神的ショックへ対処する必要が増している。

　キャリアコンサルタント資格の国家資格化は、国として人々のキャリア形成の重要性を、あらためて周知したと言えよう。Web上では、「キャリア・コンサルティングの定義が国主導で行われることになった背景には、少子高齢化対策という側面も見られる。定年年齢の引き上げなどとあわせて、年齢を重ねても働き続けられるキャリア形成を、国が旗振り役となって推進していく狙いがあるようだ」といった記事も見られた。こうしたキャリア形成を担うキャリアコンサルタントであるが、日本で資格を取得するためには、厚生労働省が認定した講習を受け、試験に合格する必要がある。試験は筆記試験と実技試験があり、キャリア・コンサルティングを行うための基本的知識とスキルが問われる。日本で標準レベルキャリア・コンサルタント能力評価試験が始まったのは2000年からである。

　ちなみに、筆者が関連資格を取得したのは2003年である。その当時、認定を行っている民間機関はいくつかあったが、その1つである特定非営利活動法人日本キャリア開発協会（JCDA）で資格を取得した。JCDAは、1913年に発足した全米キャリア開発協会の国際提携機関でもある。本稿で筆者が紹介したいのは、こうした民間の認定機関や、技能試験を受けてキャリアコンサルタントとなった人向けの学習コミュニティにおいて、ナラティブ／社会構成主義キャリア・カウンセリング技法を導入する利点と課題である。

筆者がキャリアコンサルタント向けの学習コミュニティを立ち上げたのは2011年からである。2003年に資格取得後、専門学校で2年間、外資系企業で3年間キャリア・コンサルティング業務を経験した後、高等教育機関で大学3年生向けにキャリア教育科目を担当するようになってからである。業務のかたわら、東京都渋谷区を中心にニート・ひきこもり向けの就業支援や、小学校、中学校、高校の先生向けにキャリア教育のボランティアを行うなかで、勤務先の上司からの勧めもあり、キャリア支援について学び合える場が必要と考えるに至った。その頃は、キャリア教育という言葉は聞くが、実際に学校の先生や、ニート・ひきこもりの支援をしているピアサポーターと話をすると、キャリア支援に関する知識が十分普及しているとは言い難い状況であった。

　2011年当時の学校領域におけるキャリア教育の普及状況を振り返ってみると、2010年頃には大学進学率が50％を超え、高等教育のユニバーサル化が急速な勢いで進行していることが指摘されるようになっていた。一方、同時に、大卒無業者の増加や、大学卒業時の就職率低下が問題視されるようになり、2010年に大学設置基準が改正されて、教育課程内外を通じた社会的・職業的自立に関する指導等（キャリアガイダンス）の義務化が示され、2011年の制度化にともないキャリア教育が推進されるようになる。キャリア支援といっても、学校領域と企業領域では必要な支援スキルが異なる。2011年1月の中教審の答申では、「学校から社会への移行」が円滑に行われていないことや、「生涯にわたる社会人・職業人としてのキャリア形成を支援する」必要などが提示されていた。

　筆者にとって、学習コミュニティのイメージは、Wenger (2002)の「あるテーマに関する関心や問題、熱意などを共有し、その分野の知識や技能を、持続的な相互交流を通じて深めていく人々の集団」が近い。学習コミュニティでは成果を出すことより、学ぶことを目的とする。コミュニティメンバーは、参加を通して知識とスキルを習得する。LaveとWengerは、参加の度合いを増すことを正統的周辺参加と呼ぶ。最初は周辺的な位置から参加しながら、段階的により重要な仕事をこなし、熟達していく。周辺部分から徐々に参加度

を増していく、という意味で、これを「正統的周辺参加」と呼んでいる。学習コミュニティの考え方は組織における学習や、熟達化の促進を示唆するものであるが、具体的な方法については、十分な研究蓄積がない。筆者は本実践を通して、社会構成主義手法は、学習コミュニティ作りに有効な手法であると感じている。社会構成主義手法では、人が持っている知識や経験はその人が置かれている社会関係と結びついていると考える。このため社会構成主義手法を活用する学習コミュニティでは、キャリアコンサルタントごとに考え方や受け取り方が違うことを素直に受け入れられるようになり、建設的な議論が活性化されやすい。

　具体的にWengerらが提唱した学習コミュニティを運営するにあたっての7原則とは次のとおりである。①進化を前提とした設計を行う、②内部と外部それぞれの視点を取り入れる、③さまざまなレベルの参加を奨励する、④公と私それぞれのコミュニティ空間を作る、⑤価値に焦点を当てる、⑥親近感と刺激を組み合わせる、⑦コミュニティのリズムを生み出す。社会構成主義手法を用いた語りでは、参加者の置かれた地域や組織との結びつきを解きほぐし、無自覚のうちに積み重ねた経験が持つ潜在力を発揮させていく。参加者が増え、社会構成主義手法を活用できる人が増えるほど、②と③が促進され学習コミュニティが進化していく。なお学習コミュニティを作る際に、社会構成主義手法をどのように活用すべきかについてはまたの機会に紹介したい。

(2) 学習コミュニティの活動概要

　学習コミュニティの立ち上げ1年目は、事例研究から始めた。学校の先生とピアサポーターでは興味・関心領域が異なる。そこで、領域の異なるキャリアコンサルタントでも意見交換がしやすいように、日本での認知度はまだ低かったものの、筆者自身は教育手法として馴染みのあった社会構成主義キャリア・カウンセリングを扱うことにした。2012年からは、JCDAが運営する研究会の1グループとしても活動するようになり、企業でキャリア支援をして

いる人や、企業を離れて独立している人なども参加するようになった。比較的新しいキャリア理論のため、これまでのキャリア理論とどのように異なるのか興味を持たれる方が多数おられた。また、自身のこれまでのキャリア支援の経験に照らし合わせて、有用であるか否かという観点で意見交換をすることもできた。

　余談であるが、こうしたキャリアコンサルタントの勉強会に集まる人というと、どのような人物像を想像されるだろうか。日本では、2001年の職業能力開発促進法の改正以降、キャリアコンサルタントの養成とキャリア・コンサルティングの普及が推進されるようになった。2012（平成24）年度末の時点で、キャリアコンサルタント資格保持者は約8万人に上ることが報告されている。さらに2024年度末までに10万人のキャリアコンサルタントを養成するという構想も打ち出されている。割と多いとお感じになるだろうか？　ちなみに、医師は毎年3.5〜4.5千人程度増加しており、平成10年に24.9万人であったのが、平成20年には28.7万人である。2010年の統計では、人口1,000人当たりの医師数は経済協力開発機構（OECD）加盟国の平均が約3人なのに対し、日本は約2人となっており、国際的にみると日本の医師は少なめといわれている。都道府県別では、東京都は3人近くいるのに対し、隣の埼玉県は約1.5人と全国最低であり、地域や診療科による偏在が見られるといわれている。全国で10万人というのが地域別に見るとどのくらいの人数になるか想像していただけただろうか。図6-1は、2014年の地域別キャリアコンサルタントの割合である。関東に集中しており、四国は関東の約1/20程度である。キャリアコンサルタントの人数も地域差が大きいことがわかる。

　こうしたことに鑑み、都内で開催する研究会へスカイプによる参加も可能としたところ、関西や北陸とさまざまなところから参加いただくことができた。参加理由もさまざまで、新しい理論について知りたいという人もいれば、人生の転機にあって、転機を乗り越えるという言葉に引かれたという人もおり、多種多様なバックボーンを持つキャリアコンサルタントが参加する研究会となった。地域的偏在に加えて、キャリアコンサルタントのバックボーン

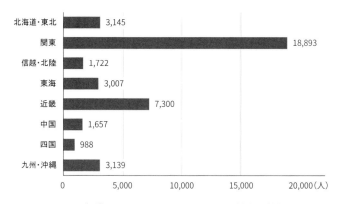

図6-1　標準レベルキャリア・コンサルタント等有資格数
（出典：特定非営利活動法人キャリア・コンサルティング協議会、平成26年3月31日現在）

が多種多様になるのには、他にも理由がある。厚生労働省の「平成22年度キャリア・コンサルティングに関する実態調査」では、キャリアコンサルタントの主な活動の場として、ハローワーク、ジョブカフェ、ヤングジョブスポット等といった公的就職支援機関や、人材派遣会社、再就職支援機関等の民間就職支援機関といった「需給調整領域」、大学・短期大学・高等専門学校・専修学校といった「教育領域」、さらには「企業領域」と「地域領域」の4領域に分類されている。平成22年以降の調査報告で、公的就職支援機関で活動する人が最多（4人に1人）である傾向は変わらないが、大学や民間教育訓練機関で活動する人の割合が増えつつある（図6-2）。

　4領域で求められる能力には、共通点もあるが異なる点も多い。例えば、需給調整領域では求職者のニーズを把握する力、職業・業界・労働関係法令・労働施策の知識と理解、求人の実態把握、労働市場の理解が重要になる。一方、企業領域では、従業員の現状・立場等の理解、社内の制度・風土の理解、職務遂行に必要な能力についての理解等が求められる。教育領域では、面接指導・キャリア・シート等作成支援力、セミナー等の企画・運営力、ファシリテーション能力、教員への働きかけ能力、大学組織・方針等の理解等となる。勉強会を開催した場合、集まってくる人は、同じキャリアコンサルタントの資格を

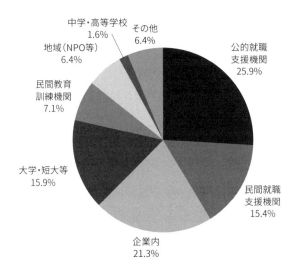

（出典：厚生労働省「キャリア・カウンセリングに関する実態調査報告書」（平成22年度））

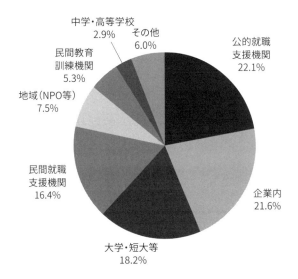

（出典：厚生労働省職業能力開発局キャリア形成支援室調べ（平成25年度））

図6-2　キャリアコンサルタントの活動領域

持っていても、多種多様なバックボーンを持つことが想像いただけると思う。

(3) 本実践で活用した社会構成主義キャリア・カウンセリング技法とは

　このように多様なバックボーンを持つキャリアコンサルタントが参加する学習コミュニティで、社会構成主義アプローチを取り扱ったところ、思わぬ効果が現れ始めた。社会構成主義が共通の基盤とするのは、知識は個人の頭の中にあるのではなく、「知識は社会関係の中にある」という、個人主義的理論から関係論的理論への転換である。社会構成主義キャリア・カウンセリング手法を紹介し、実際に活用しているうちに、参加者が自分以外のキャリアコンサルタントが置かれている文脈に敏感になり、そうした文脈を感じ取ることに対する動機づけがなされるようになっていったのである。これは一部の参加者のみに見られたのではなく、継続的に参加する参加者ほとんどに見られた変化である。具体例については、この章の後半で参加者自らに語っていただいているので、そちらを参照いただきたい。

　学習コミュニティでは、社会構成主義キャリア・カウンセリング手法を実際に利用する機会を増やすとともに、書籍に紹介されるさまざまな社会構成主義キャリア・カウンセリング技法を活用した。社会構成主義キャリア・カウンセリング手法といってもいろいろあり、システムアプローチ、ソリューションフォーカストアプローチ、メタファー、ナラティブといった具合である。

　2014年からは、JCDAの他の研究会や、キャリア支援団体などが主催する勉強会に招かれるようになった。勉強会では、半日程度かけて社会構成主義キャリア・カウンセリングの概念や手法を紹介するワークショップを行うようにしている。どの勉強会でも初めて社会構成主義キャリア・カウンセリング技法に触れる参加者が大多数であったが、たいていはこれまで学習したキャリア・カウンセリング技法より、クライエントの語りが重視されていることに気づき、また、その理由が、発話を促す社会構成主義ならではの聴き方やワークシートにあることを指摘する人も多くいた。キャリアコンサルタント同士で社会構成主義手法を用いると、これまでにはない観点から発話が促さ

れるため会話が尽きなくなる。

　ワークショップでは、技法を体験していただく際に、クライエントとしての感想と、キャリアコンサルタントとしての感想を訊くようにしている。いわゆるダブルループ学習が生じることを意図した活動である。ダブルループ学習とは、1978年にアメリカの組織心理学者ArgyrisとSchönが『組織学習』において提唱した概念で、既存の枠組みを捨て新しい考え方や行動の枠組みを取り込むことである。ワークショップでは、振り返りとともに、共有する活動も行う。ペアでの活動をグループで共有し、グループでの共有を全体に共有する。同じ演習を行っていても、ペアによって展開が異なるが、ワークショップで紹介したワークシートやツールを相手の文脈に合わせてうまくアレンジして使うと思わぬ効果を実感するケースが多い。ワークショップでは、こうしたアレンジのうまくいった点、うまくいかなかった点を共有する。こうした振り返りを行ううちに次々と新しいワークシートやツールが創発されていく。

　2015年に入り、筆者が主催する学習コミュニティのメンバーが社会構成主義キャリア・カウンセリングを学ぶための学習コミュニティを関西で立ち上げた。また他の団体から社会構成主義手法を紹介してほしいというお声がけをいただいたときに、ワークショップを開催できるメンバーは6名まで増えている。関西で学習コミュニティを立ち上げた新谷龍太朗氏の実践と、ワークショップを主催している6名の実践は第3節で紹介する。

　他のメンバーにワークショップを実施していただく場合には、社会構成主義に関する説明を必ず30分程度は行うようにしている。学び合いを重視していることから、ツールやワークシートについて体験していただく時間を2時間〜3時間と長めに持つ必要があると考えているが、その前に原理原則を知っておくことが必要と考える。個人的には、ワークショップを通して、クライエント固有の文脈を感じ取れる可能性があることを認識いただけるようにしたいと思っている。

　2014年3月の「ビジネス・レーバー・トレンド」誌には、「キャリア・コン

サルティングについて体系的に学んだ者は増えているが、組織への働きがけができるようなキャリアコンサルタント、あるいは相談を傾聴するだけでなく、的確に助言、指導できる人材はまだ十分ではない」と紹介されていた。きっとそのとおりなのであろう。しかしながら、仕事の内容や働き方が多様化するなかでキャリアコンサルタントが経験したことがない職務を担うクライエントのキャリア支援を行うのは大変に難しいことである。

　近年、従業員のキャリアにおける組織の役割が大きく変化していることが報告されている。組織が従業員のキャリア管理に対してほぼ全責任を担っていた温情主義の時代から、今や組織は、自分自身の将来に対して自ら責任を持たなければならなくなった従業員を支援する立場に変わったといえる。キャリア自体も、以前は所得、権限、地位、保証が段階的に上がっていくのが常であったが、いまや従業員は順応性を高め、継続的に知識やスキルを身につけ、時間の経過とともに職場におけるアイデンティティを変えていかなければならない。不確実性が高まっている現在、組織は将来のニーズを正確に予測することに限界を感じ、その結果、キャリア計画はますます雇用主側ではなく、個人主導で作られるようになってきている。

　そのような状況にあるクライエントを支援するためには、これまで以上に積極的な傾聴が重要になる。伝統的なカウンセリングにおけるカウンセラーとクライエントとの境界線を越える、社会構成主義キャリア・カウンセリング手法が重要になる。クライエントの行動や発言は、クライエントの置かれている文脈に沿ったものである。社会構成主義は、その概念が少々分かり難いため、クライエントが置かれている文脈に敏感になり、そうした文脈を感じ取ることに対する動機づけがなされるというのはどのようなことなのかを経験するための場を、より多く作ることが課題である。

2. 私のナラティブ／社会構成主義理解

　筆者にとって社会構成主義は、近年、教育の研究と実践に多大な影響を受

けている理論の1つである。1960年代のSkinnerを中心とした行動主義心理学、1970年代に入ってGanieらが発展させた認知主義心理学といった実証主義アプローチへの挑戦として、1990年代に入ってPiaget、Vygotsky、Deweyが見直されるなかで提唱されてきた。行動主義心理学、認知心理学といった実証主義のもと開発されてきた従来の教育手法の特徴は、「知識は分離可能で普遍なもの」という前提のもと、知識注入主義を基本にしている点にある。知識注入主義とは、何も知らない真っ白なキャンバスのような学習者に、教師が持つとされる普遍的で客観的な知識を流し込もうとする教育観を表現したものである。学校教育における知識注入主義による問題は多くの研究者によって指摘されている。手早く知識や技術を注入するという考え方は、一見すると効率的であり、日本の高度成長期時代の要請にマッチした考え方であったのだと思う。しかしながら、学習者の画一的な捉え方は、少子高齢化社会、生涯現役・全員参加型社会を標榜する現在にあっては、徐々にそぐわない面が出てきている。

　ここで、昨今の文科省の取り組みを筆者なりに考察してみたい。2012年の文部科学省中央教育審議会(中教審)の答申「新たな未来を築くための大学教育の質的転換に向けて〜生涯学び続け、主体的に考える力を育成する大学へ〜」において、「従来のような知識の伝達・注入を中心とした授業から、教員と学生が意思疎通を図りつつ、一緒になって切磋琢磨し、相互に刺激を与えながら知的に成長する場を創り、学生が主体的に問題を発見し解を見出していく能動的学修(アクティブ・ラーニング)への転換が必要である」と述べられている。

　2012年以降、アクティブ・ラーニングという言葉は、学校教育に携わる人であれば何度か耳にしているのではないだろうか。2014年の中教審の「初等中等教育における教育課程の基準等の在り方について」の諮問では、2020年に向けた学習指導要領の改訂が示された。この次期学習指導要領のポイントの中でも、アクティブ・ラーニングの視点から、学習過程の質的改善を行うことがうたわれている。ちなみに、「課題の発見・解決に向けた主体的・協働的な

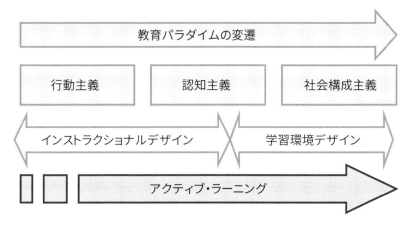

図6-3 アクティブ・ラーニングと社会構成主義

学び」というのが、2015年10月時点で文部科学省が用いている「アクティブ・ラーニング」の定義である。社会構成主義という言葉ではなく、アクティブ・ラーニングという言葉を用いているのは、アクティブ・ラーニングが行動主義、認知主義、社会構成主義それぞれの教授法を包含しており、教員の知識で満たされる受け身的な器としての学習者から自分の知識を積極的に構成・発見・生成するアクティブな主体であることを強調するためではないかと考える（図6-3）。

　知識注入型からアクティブ・ラーニングへというパラダイムの変化は、キャリア支援においても見られる。MacMahonとPatton (2006)は、「20世紀初頭、キャリア・ガイダンスとキャリア・カウンセリングは、変化の激しい社会状況の中でさまざまな領域の課題に直面し、伝統的なキャリア・カウンセリングや、キャリアアセスメント、キャリアプログラムの妥当性が問い直されてきた。次第に、個々の相互作用や、関係、意味生成、ナラティブといった社会構成主義の手法が開発され推奨されるようになってきた」と説明している（図6-4）。

　日本は、他の国と比べて、組織が従業員のキャリア管理に対してほぼ全責

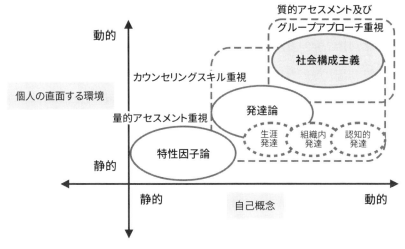

図6-4　社会構成主義キャリア・カウンセリングの位置づけ

任を担っていた温情主義の時代が長く続いた。大量生産・大量販売型のビジネスモデルによって高度成長期が齎された日本においては、いわゆる日本型の雇用慣行と相俟って、長く勤めればキャリア自体も段階的に上がっていくのが常であり、またそれが合理的でもあった。しかしながら、経済の鈍化とともにビジネスモデルが多品種・少量販売型へシフトすることで、職場においては多能工化が求められるようになる。そこでは従業員は順応性を高め、継続的に知識やスキルを身につけ、時間の経過とともに職場におけるアイデンティティを変えていかなければならない。キャリア支援の方法が変わらないことのほうが不自然である。キャリア支援を行うキャリアコンサルタントのみならず、長年組織主導でキャリア形成を図ってきた労働者にも意識改革が必要になる。

　MacMahon & Patton (2006) は、クライエントの立場を、受け身の受益者から能動的な主体に高め、キャリア・カウンセラーの役割を専門家からファシリテーターもしくは好奇心旺盛で用心深い聞き役に変化させることが有効だと説明している。この認識は、社会構成主義を牽引するSavickas (2005) も同

様である。時代が転換するなかで、日本においても、キャリア・カウンセリングにおけるクライエントとキャリア・カウンセラーの関係を再定義する必要があると考える。

3. 実践事例

　本稿では、キャリアコンサルタント向け学習コミュニティにおけるナラティブ／社会構成主義キャリア・カウンセリング手法を導入する利点を2つの観点で紹介した。1つ目は、学習コミュニティに参加したキャリアコンサルタントが、技法を活用しているうちに、自分以外の参加者が置かれている文脈に敏感になり、そうした文脈を感じ取ることに対する動機づけがなされるようになってくる点である。2つ目は、社会構成主義手法を用いると、参加者の学習と習熟を促す学習コミュニティが形成しやすくなる点である。本節では、この2つの視点を、すでに社会構成主義キャリア・カウンセリングに関する学習コミュニティを立ち上げた新谷龍太朗氏の語りと、これから新しく学習コミュニティを立ち上げようとしている6名の語りで紹介する。

(1) 関西で研究会を立ち上げた新谷龍太朗氏（平安女学院大学短期大学部　特任助教）の実践

　①学習コミュニティに参加しようと思った理由は？

　キャリア・カウンセラーの資格を取り、中学生でのキャリア教育の授業を企画し実施してみたり、大学生の就職相談のボランティアに参加するという実践を行いつつ、JCDAの運営するいくつかの研修にも参加していた。そのなかで学んできたことと実践がうまくつながらないもどかしさも感じるようになっていた。

　例えば、中学生を相手にする場合、従来の「働く動機」「自分の関心領域の自覚」「関心とマッチする職業について知る」「その職業に就くための訓練」というサイクルが必ずしも相手の状況と合わないことを実感した。このサイクル

は、いわば「絞る」サイクルである。しかし、これから可能性を広げようとする彼ら／彼女らにとって、早い段階からこのように職業を決め打ちさせることが果たしてよいのだろうか。

　何度か授業を行い、将来就きたい職業として「医者」を挙げた生徒がいた。しかし、それはおそらく親の要求だろう。一方で、学校の教員が行っていた職業体験では、商店街の人たちと触れ合うなかで生き生きと身体全体で学ぶ姿があった。ただ、実際の社会ではこうしたサービス業だけでなく、サラリーマンの大半がそうであるように、文書とにらみ合いながら日々を送るような職業もある。つまり、働く姿勢やコミュニケーションの必要性は感じられても、その後にどのようにキャリア形成へと導いていくのかについての道筋は明らかではなかった。10年以上前の状況なので今では変わっているのかもしれないが、当時はそうした学んできた理論とのギャップを感じていた。

　当時の自分は、私立学校のコンサルティング会社で働きながらさまざまな経験を積むことができたが、自分の思考の枠組みから抜け出ることができず、体系的に学ぶ必要性を感じていた。そこで、働きながら大学院で学ぶことにした。そこで仲間と一緒に文献を読み、英語で書かれたものであっても深い理解を得ることができることを体験した。大学院の修了が近づくにつれて、そうした学びの場から遠ざかっていた折に、社会構成主義キャリア・カウンセリング技法に関する学習コミュニティの存在を知った。英語文献を輪読する機会があり、手をつけられずにいたキャリア関連の理論にも触れられる。そのときに扱っていた文献が社会構成主義に関するものであり、大学院で学んできた教育社会学からも理解しやすく、また面白い考え方であった。いざ研究会に参加してみると、東京と大阪という距離を埋めようとスカイプの準備をしていただき、東京の集まりに参加すると、文献で紹介された理論を実際にやってみることで思いがけない発見が生まれた。

　②関西で学習コミュニティを立ち上げて気をつけていること
　自身が学習コミュニティを運営するにあたり、「学びあう」ということに気

をつけている。お互いの持つ経験や意見、それぞれが学んできたこと、それらを共有し、対話し、実践し、深めることで、どこにもない、その場でしか経験できない学びを生み出す。そうしたことができていれば、この研究会は意味があるだろうと考えている。また、そうした姿勢が、自分の理解する社会構成主義的な学びにも近いものだと考える。

　自身が運営する学習コミュニティでは、「学びあい」の文化を創るために、1つの儀式を持つようにしている。それは、「good & new」というセッションである。会を始めるにあたり、それぞれが1分程度で、前回会ったときから自分の身に起こった「良かったこと」もしくは「新しいこと」を話すという簡単なセッションである。他の人はこれをしっかりと聴く。以前に勤めていた会社の社長が、カリフォルニア州の学校で学んできた手法であり、荒れていたクラスがこの取り組みを3ヵ月続けることで落ち着いたという。集まりの前にこうした儀式、チェックインを持つことは意外と効果がある。今働いている大学では、キリスト教系ということもあり会議前に黙禱をするが、業務に忙殺されているときであっても、心を落ち着けて会議に入ることができる。

　学習コミュニティは、最初に日本語文献で渡部昌平編著『社会構成主義キャリア・カウンセリングの理論と実践』（福村出版、2015年）を1章読み、英語文献に入るようにしている。これは社会構成主義がどのようなものであるかをテキストから読み解くという意図に加え、一緒に読み解き解釈を重ねていくことで社会構成主義的な学びを実体験するという隠れたカリキュラムとなっている。読み詰まっても、よく理解できなくても大丈夫という安心感を大事にする。その安心感が、学びあいには必要だ。

　英語文献は、例えばセッションの進め方やケースなどについて役割を割り振り、一緒に和訳してホワイトボードに書き出していく。これも共同作業を通じて、一緒に学びを作り出していることを可視的に認識するためだ。そして、実際に読んでみて、またやってみて、どうもしっくりこないことがあれば、忌憚（きたん）なく意見を言い合う。学習コミュニティの目的は、海外の理論を日本の文脈で捉え直すことにあるためだ。しかし、ただ「日本では合わない」という

のではいけない。「ではどうすればよいのか」と考えることで、新たな学びが生み出される。そうした批判意識と創造性、積極的に学びあう姿勢をそれぞれがもてるような会とするためにどうすればよいかを意識している。

③学習コミュニティで社会構成主義手法が有効な点

　逆説的であるが、「社会構成主義」という分かりにくい単語が、「なんだろう」という関心喚起につながっている部分もあるだろう。複雑で変化に富んだ社会において、「これが正解だ」ということが難しくなってきている。そのなかで、依拠できる物語を一緒に作り出し、社会に踏み出す土台と道筋をつくる。これまでキャリアコンサルタントを行ってきた人たちが少なからず行ってきたことである。それが理論的に整理されており、さまざまなツールや手続きのアイディアが社会構成主義手法にはある。学ぶなかで、自分の行ってきたことはこういうことだったのだなと、キャリアコンサルタント自身が自分の経験を新たに意味づけする。その鏡として、社会構成主義手法は有効である。

　しかし、それが「難しいことを言っているが、結局はこういうことでしょう」という浅い理解になってはいけない。また、「これは使える、これは使えない」という新たなツール探しに陥ってもいけない。わかりやすい言葉でその考えを翻訳したとしても、社会構成主義手法が有効に働くわけではない。キャリアコンサルタントの勉強会において社会構成主義手法が真に有効であるためには、それがキャリアコンサルタント自身の実践を深く掘り下げ、新たに意味づけるものである必要がある。例えば、海外の理論を一緒に読み解き、実際にやってみることで、「こうしてはどうだろう」と膝を突き合わせ考えてみる。そうして絶えず自分たちの実践を振り返り意味づけするための資源として、媒体として、社会構成主義手法を捉えるべきであろう。

④社会構成主義キャリア・カウンセリングに対する研究会メンバーの評価

　研究会のメンバーはそれぞれが、さまざまな場所でキャリア・カウンセリ

ングを学び実践している。社会構成主義キャリア・カウンセリングについて直接的にその評価を尋ねたことはないが、メンバーにとっては絶対的に「善いもの」というわけではなく、自身の経験を相対化するための新たな座標軸として考えているのではないだろうか。

では、なぜメンバーは集まり続けるのだろうか。何が、社会構成主義キャリア・カウンセリングをテーマとしたこの会の魅力となっているのだろうか。それは、社会構成主義キャリア・カウンセリングというものが、不変でなく、これから作り上げられていこうとされている分野であることからかもしれない。

そもそも、この社会構成主義キャリア・カウンセリングを、どのような視点で、どのような質問項目で評価するのか。クライアントに対する効果なのか、カウンセラー自身の成長なのか。どのような枠組みで評価をするのかを話し合うことにより、前節で触れられていたダブルループ学習が生じることもあるだろう。すなわち、メンバーが評価の前提として持つ価値観が問い直されることで生じる深い部分での学習である。今後、機会を設けて社会構成主義キャリア・カウンセリングの評価を通じた学習も試みてみたい。

(2) 学習コミュニティで副座長をしている高宮幸代氏(青山学院ヒューマン・イノベーションコンサルティング(株)特任研究員／ビジネス・ブレークスルー大学学生支援センター)の実践

①キャリア・コンサルティングについて勉強した理由

私がキャリアコンサルタントになったきっかけは、社会構成主義キャリア・カウンセリングに関する学習コミュニティとの出会いからである。まさに、私のキャリアに大きな影響を与えたのが、この学習コミュニティである。

私は、長年働いていた外資系IT業界でのサポートエンジニアの仕事を辞めてから、eラーニングの研究をしていた青山学院大学ヒューマン・イノベーション研究センター (HiRC) で、eメンタリング (オンライン学習支援) の仕事をしていた。その後、青山学院の学内ベンチャー企業、青山学院ヒューマン・イ

ノベーション・コンサルティング（株）（青山学院Hicon）のキャリア開発事業部で、大学生の就活支援の仕事を担当することになり、産学連携型の就活支援コミュニティを運営するプロジェクトに携わることになった。大学生の就活の仕組みもろくにわかっていない状態で前任者から引き継ぎ、就活支援のプロジェクトマネジメントを行う日々であったが、ある日、学習コミュニティの座長から「青山学院Hiconを会場として、研究会を開催するので参加してみませんか？」というお誘いを受けた。

　日々の仕事に役立つのかなぐらいの軽い気持ちで研究会に参加したが、そこですばらしいメンバーと出会い、キャリア・カウンセリングの世界に触れて、私の目の前に新たな世界が広がった。当時の私は、「クルンボルツ」が何を意味するのかもわからない状態であったが、まさにプランド・ハプンスタンス（計画された偶発性）で、社会構成主義キャリア・カウンセリングの世界に飛び込んでいた。

　そして、研究会に参加されているキャリアコンサルタントの方々と海外の社会構成主義キャリア・カウンセリングの文献を勉強していくうちに、大学生の就活支援の仕事をやるのであれば、きちんと基本からキャリア・コンサルティングについて勉強する必要があると感じた。そこで、いったん研究会を休み、JCDAの資格を取得してから研究会に戻って、ナラティブ／社会構成主義キャリア・カウンセリングを勉強し続けている。また、JCDAの資格を取得したことで、仕事の幅も広がり、現在、オンラインでの学習支援に加えて対面やスカイプでの学生相談も行っている。

　②ナラティブ／社会構成主義キャリア・カウンセリングの有効性

　現在、私は青山学院Hiconでの大学生の就活支援のための産学連携型コミュニティを運営する仕事に加えて、オンライン100％のビジネス・ブレークスルー大学で学生支援の仕事を行っている。大学生と接する機会が多いなかで、自分で考える力が弱い学生のカウンセリングには、従来型のキャリア・カウンセリングより、ナラティブ／社会構成主義のカウンセリングのほうが向い

ているのではないかと感じている。

　日本は、知識をインプットすることが中心の教育や暗記が中心の受験勉強を行い、偏差値で進学する大学が決まるという傾向の社会である。昨今、大学の数は増加したが、少子化により学生の全体数は減少し、大学全入時代となり、親に言われたから、先生に言われたから大学に入ったという学生も多くなっている。「なぜ大学で勉強するのか」を自分で考える機会もなく入学している学生が多くなっていると思われる。ゆとり教育世代では、穴埋め式のプリントが容易されていて、穴を埋めていくだけでノートができるという授業を受けていたので、まっさらな状態からノートが取れない学生も多く、大学ではノートの取り方から教えている、という大学の先生方からの声もよく聞く。

　そんな学生達が就活で、いきなり、自分の強みや弱みを考えなさい、自己分析しなさいと言われても、どう考えたらいいのかがわからない学生が多いのではないかと思われる。そして、就活でも偏差値の高い一部の大学をAランク大学と位置づけて足切りをする、有名企業や大企業の新卒採用活動により、学生は偏差値で入れる会社も決まるのだと思わせられる。Aランク以外の大学の学生は就活のスタートラインに立った時点から、すでに劣等感を感じていたり、自分に自信が持てない状態になりがちである。劣等感を抱えて大学に入学している学生は自己否定が強く、自分の強みに目を向けることすらできない。また、自分の強みを考えられたとしても、それを自分のキャリアとどう結びつけるかを考えることがわからないという学生も少なくない。

　ナラティブ／社会構成主義カウンセリングでは、さまざまなツールや手法を活用してカウンセリングを行う。例えば、ソリューションフォーカストアプローチのカウンセリングでは、カウンセリングのゴールを質問して、クライエントの問題を明確にしたり、「クライエントが今抱えている問題が存在しないとしたら、どうしますか？」というミラクルクエスチョン（奇跡の質問）などで、クライエントにポジティブなイメージや希望を持たせるような質問をしていく手法がある。

また、スケールを使った質問では、自分の現在の状態と自分がめざす状態を1本のスケール上の数値で表し、自分が今どの段階でどの段階になることをめざすのかを図式化することで、具体的な目標が考えやすくなる。こういったツールや手法を使うことで、自己否定が強いクライエントでも、自分自身を見つめて言葉に表すことがやりやすくなり、従来のキャリア・カウンセリングより、より早くクライエントが気づきを得ることができるのではないかと思われる。

　③今後の展開
　「社会構成主義キャリア・カウンセリングの学習コミュニティに入っています」と言っても、キャリアコンサルタントの間でも馴染みがあまりなく、キャリアコンサルタント以外の人には、なんのことだかさっぱりわからない。「社会更正」と勘違いされることも多々ある。「社会構成主義」という言葉からすると、堅い、難しいイメージで考えられがちであるが、実際にツールや手法を使ってみると難しいものではなく、馴染みやすいことがわかる。
　私は、社会構成主義は、昔の日本社会のほうが発達していたのではないかと感じている。昔の日本では、長屋や町内会などが多く、人と人との繋がりが現代より深かったと思う。私が子どもの頃は、近所の子どもたちで学校ごっこをよくやっていた。年上のすでに小学校に行っているお姉さん達が先生役となり、小さい子達が生徒役で算数を教わったり、絵を描いたりという遊びを通じて、遊びの中で自然に足し算、引き算などを覚えて学校に入る準備となっていた（当時の先生役だったお姉さんは、その後、大人になってから学校の先生になったと聞いている）。デイケアなどない時代なので、親達は近所に子どもを預けたり、子どもたちが遊んでいる路地は、誰かしら近所の大人が見守っていた。お風呂がない家も多く、銭湯で見知らぬ人と会話するということが日常的にあった。
　現在の社会より、人との交流や対話を通じて自分を振り返る機会が多く、身近な場所にロールモデルを見つけやすく、先輩と後輩、年長者と年少者の

間でメンタリング関係も自然にできていたのではないかと思う。
　一方、インターネットの普及により、現在ではネットを介した人と人との交流や対話が可能となった、以前より広範囲の人との交流や多様な人との交流も可能となっている。また、変化の激しい現代では、10年先に今ある仕事が存続するかはわからなく、今はない新しい仕事が生み出されている可能性もある。クライエントとカウンセラーが同じ目線で双方向の対話を行う、ナラティブ／社会構成主義キャリア・カウンセリングを実施するキャリアコンサルタントを増やしていくことで、キャリア・コンサルティングが日常的なものとなり、活用されていくのではないだろうか。そして、私達が忘れていた人との繋がりや交流も、ネットを介するという新たな形にも広がっていくと感じる。

(3) 学習コミュニティで副座長をしている三浦玲氏（青山学院ヒューマン・イノベーションコンサルティング（株）特任研究員）の実践

①キャリア・コンサルティングについて勉強した理由

　学生時代より教育に関心を持ち、大学卒業後は、学校教育に関わる業務に就いた。業務に携わるなか、学校教育の見据える先にあるものは雇用をベースにした社会生活であると認識する。単なる雇用の経験がキャリアではなく、キャリアは人生そのものであり、教育と常に共存していると考えるようになってからは、キャリア・コンサルティングと教育を軸に実務経験や学びの場を求めてきた。

　25歳以下の既卒未就労者の就職支援事業に携わった際、クライエントが抱える問題や捉えている世界観を理解しきれず、心理面での支援についての知識や経験の浅さを痛感した。その後、発達心理学や心理療法、カウンセリング、メンタルケアなどについて勉強できる心理カウンセラー資格の取得を目指した。資格を持っていても、知識は増えてもクライエントと対峙する実践に生かせなければ意味がないと感じ、講座で共に学ぶ仲間に声をかけ、ロールプレイングの勉強会を企画し開催した。心理カウンセリングの勉強を続ける中

で、クライエントにとって先へと繋がる支援、キャリア・コンサルティングをライフワークとしたいという思いは増していった。
　クライエントに安心してキャリア・コンサルティングを受けてもらうためには、キャリアコンサルタント資格が必要であると考えた。そして、さらなる学びや自分のカウンセリングの拠り所となる理論の必要性を感じた。そのため、キャリアコンサルタントの資格を取ることと、キャリアコンサルタント仲間の集まる学習コミュニティのある組織への参加を目指し、資格取得に向けて勉強した。
　キャリアコンサルタントの資格を取り、JCDAに登録し、最初に申し込んだのが社会構成主義キャリア・カウンセリングに関する学習コミュニティであった。当時の参加動機を振り返ると、キャリア・カウンセリングについて対話をし、共に学べる仲間のいるコミュニティを求めていた。学習コミュニティ参加の前日は、そこにようやく足を踏み入れることができると思いワクワクしていたのを覚えている。また、資格取得のために知り得た知識だけでは物足りなさを感じており、学習コミュニティでは海外から来ている理論の原文を読むことができるという点にもキャリア・カウンセリングの展開の可能性を感じ、興味を持った。
　実際に参加してみると、参加者の顔ぶれの多様性に驚かされた。初回は、学ぶことに意欲的で知識人ばかりの中、途中参加者はついていかれないのではないかという不安さえ感じた。しかし、社会構成主義的なアプローチで導かれるまま自己紹介、勉強会参加の目的などを話し進めるなか、研究会座長がフォローしてくれ、メンバーもフランクで互いを尊重し合うウェルカムな雰囲気に包まれていき、気がつけばそこで学ぶことに面白さを感じてどんどん前のめりにのめり込んでいった。

　②ナラティブ／社会構成主義キャリア・カウンセリングの有効性
　自分のこれまでの人生、キャリアを振り返ると、1つのストーリーとして繋がっていることを感じる。だが、昔からストーリーを繋げていたわけではな

い。自分のこれまでの活動に意味づけしたいと思い、肯定したいと感じたから自分自身で繋げようとしたと考える。もちろん、うまくいかないこと、失敗も多い。けれども、過去は変えられない。そう、ただ悲観していても何も解決しない。それらはすべて先に繋がっているのだ。自分の未来がハッピーであるために、自分を信じて自分の人生に責任を持ち、前を向かなければ生きていかれない。私は子どもの頃より対人関係で悩み、高校留学時代に孤独と自分の弱さに直面したときもそのように捉えて乗り越えてきた。キャリア・コンサルティング業務を担うなかでクライエントに向き合い、その人にとってのキャリアを考えるなかで、自分にもベクトルを向け問いかけ続けた。そして、自ら過去の経験を捉え直し、現在や未来に繋がっているのだと意味づけし、再構築して1つのストーリーに繋げてきたように思う。私の持論であった物事の捉え方や考え方をぴったりと理論としてはめてくれたのが、社会構成主義キャリア・カウンセリングだった。

　従来の倫理実証主義世界観によるキャリア・カウンセリングのキャリア・カウンセラーとクライエントのトップダウン的な関係から、社会構成主義キャリア・カウンセリングはキャリア・カウンセラーとクライエントは対等でクライエントの経験を再構築する、クライエントのストーリーの共著者という協力的な関係へと変化させた。年齢・性別・国籍といった境界線はなく、誰にでも適応可能なキャリア・カウンセリング理論であると考える。そして、社会構成主義は、アプローチ手法やアセスメントなどのツールが豊富である。研究会で学んだ代表的なものでは、メタファー、ソリューションフォーカストアプローチ、アクティブエンゲージメント、システムセオリーフレームワーク(STF)など、クライエントに合わせた手法とツールを選択し活用することができる。

　社会構成主義キャリア・カウンセリングは、経験を捉え直し、再構築するということから、経験が豊富であるほど深く、長く1つのストーリーに繋げて行かれるようにも思う。その点、就労経験がない学生／生徒は、学校から社会や職業への移行がスムーズに行えないという課題があると指摘されているよう

に、捉え直し再構築するためのベースとなる経験が少なく適応が難しいように見えるかもしれない。ただ、学生／生徒がこれまで生きてきた20年前後の人生のなかで得た経験を振り返り、自らが描く未来へと繋がるように経験を捉え直すことは可能である。不足しがちな職業観を広げるためのガイダンスや自己概念の成長を促す関わりを意識することを加えれば、社会構成主義キャリア・カウンセリングは学生／生徒のキャリア・デザインに有効な職業選択の支援をする上でも有用である。

③今後の展開

社会構成主義キャリア・カウンセリングは、誰にでも適応可能であるがゆえに、キャリア・カウンセラーのクライエントへの実践の仕方次第で有効性と効果が異なると考える。実践における有効性や効果を得るためには、キャリア・カウンセラーが社会構成主義キャリア・カウンセリングを用いてクライエントの語りを促し、ストーリーを再構築するという実践とその振り返りを重ねて、手法を理解し活用の幅を広げることが必要である。

現在運営している学習コミュニティは、民間と公共に関わる人々が集い、共に同じ社会構成主義理論を学ぶという共通テーマを通じた経験を創るという唯一無二の場だと思う。副座長という立場で学習コミュニティに関わるにあたり気をつけていることは、各回の参加メンバーがこの研究会を有効な学びの場とできることである。参加者が増えれば、参加者それぞれの社会構成主義キャリア・カウンセリングの理解や実践についての共有と振り返り、より活用する方法について考えることが可能である。これからも、参加者と共に他にはない学びの場を創っていきたい。そのためには、社会構成主義キャリア・カウンセリングについての紹介と、キャリア・カウンセラー同士で共に勉強する機会を増やし継続していくことが大切であると考える。

(4) 学習コミュニティで副座長をしている新谷英子氏（カルビー株式会社）の実践

① キャリア・コンサルティングについて勉強した理由

　私がキャリアコンサルタントの資格を取得したきっかけは、会社でダイバーシティを推進する中で、女性のキャリア支援について考えるようになったからである。「女性は男性に比べて、将来のキャリアを描けていない」という社内アンケート結果があった。当時は女性管理職が少ないということもあり、ロールモデルが少ないということも、将来が描けない原因でもあった。それだけではなく、当時はキャリアについて考える機会というのも通常の仕事生活の中にはなかった。

　女性の活躍推進において、キャリア支援は重要である。キャリアについて考える機会の提供も重要である。女性は男性よりも役割が多く、仕事、家庭、育児などのバランスで悩むことも多い。悩んでいる人の話を聴いてくれる人がいることも大切である。私は女性活躍を推進するにあたり、カウンセリングの専門的な知識と相談にのることができる傾聴スキルを身につけたいと思い、まず産業カウンセラーの資格を取得した。資格取得当時、私は出産をして復職して間もない時期であり、育児と仕事の両立に悩んでいた時期だったので、カウンセリングを学んで、自分自身について深く向き合うことは非常によい機会にもなった。その後、個別のカウンセリングだけではなくより働く人たちのキャリア支援をしたい、社内でキャリア研修を内製化したいと考え、キャリアコンサルタントの資格取得を目指した。キャリアコンサルタントの勉強では、新しい理論も多く、不確実な今の時代に活かせそうな理論があるなど、学びと発見がたくさんあった。

② ナラティブ／社会構成主義キャリア・カウンセリングの有効性

　社内で女性のキャリア研修を実施したときに、夢を描き、将来のキャリア目標に向けて本人がやる気になっても、社内で共有をしたり支援者をつくらなければ、実現するのが難しい、と感じる出来事があった。それなら上司とキャリア目標について話し合う機会を作ればいいのではないかと考え、上司と

部下のキャリア面談の仕組みを、当時所属していた地域事業本部内に作った。

キャリア面談を実施したところ、部下のキャリアの迷いに対して上司がアドバイスをしてあげられず、上司側が悩んでいるというケースがあった。昨今は環境の変化が激しく、今の上司のキャリアパスや経験が部下のキャリアパスとして参考になるかというと、そういう時代ではない。女性活躍が進む中で、育児をしながら活躍する女性も増えてくるが、男性上司がそういった女性のキャリアのモデルになれるかというと、そうではない。活躍する女性キャリア構築はロールモデルのいない、未知の世界である。

このような時代に必要なキャリアに対する関わりは、上司自身のキャリアモデルを示すことやアドバイスではなく、部下本人の自律をいかに引き出すか。部下のキャリア・ストーリーを傾聴し、必要ならば再構成をして、未来を共著者のように共に考える支援をすることが大切であると私は考える。そのために、社会構成主義キャリア・カウンセリングが有効ではないかと感じていた。

そんなことを考えていたときに、社会構成主義キャリア・カウンセリングに関する学習コミュニティがあることを知り、参加してみることにした。学習コミュニティでは、素晴らしい仲間に出会い、海外の文献から知識を得、たくさんの学びを深めることができていると感じる。

社会構成主義キャリア・カウンセリングには、たくさんのアセスメントのツールがある。システムセオリーフレームワーク (STF) やソリューションフォーカストアプローチなど、現場のワークショップで使用してみようと思うツールが豊富である。

前述のキャリア面談における上司向けの振り返り時の研修として、ソリューションフォーカストアプローチを使用した研修を実施した。ツールを使用してキャリア面談の振り返りを実施し、お互いにペアワークをすることで、社会構成主義という言葉はよく分からないけれど、積極的に質問をし、相手の考えを引き出していく社会構成主義的関わり方を体感することができると感じた。また、傾聴スキルの幅を広げることにも有効であると感じた。その他、女性のキャリアを考える若手女性向けワークショップを実施したときに、

STFを使用したキャリアの振り返りを実施した。自分自身のキャリア・ストーリーを具体的に短時間で振り返ることができ、また、シートをもとにペアワークをすることで、価値観について把握することができた。

社会構成主義キャリア・カウンセリングのワークシートなどのツールを使用することで、短時間でキャリア・ストーリーを振り返り、価値観について考えることができるので、企業の中でのキャリアのワークショップなどにおいて効果的に使用できる可能性が高いと感じている。

③今後の展開

社会構成主義キャリア・カウンセリングは、今の不確実な時代に向いていると私は考える。ただ、言葉が難しく、広く一般的になるには、少しハードルが高いのかなとも感じている。さまざまなワークシートなどのツールを活用してキャリア・カウンセリングを実施する、ワークショップを開催するなどして、活用事例が集まってくると、有効性が確認され、より活用が広がるのではないか。引き続き、社会構成主義キャリア・カウンセリングを活用した事例について学び合い、よりよい活用方法について考える場をつくっていければと考えている。

(5) 学習コミュニティで副座長をしている五十嵐ゆき氏（青山学院ヒューマン・イノベーションコンサルティング（株）特任研究員）の実践

① キャリア・コンサルティングについて勉強した理由

私は地域若者サポートステーションでキャリアコンサルタントとして出発し、その後は、女性キャリアセンターや求職者支援訓練機関などに勤めている。担当する人々の就業経験に長短の違いはあるが、社会人のキャリア形成に携わることが楽しい。ライフイベント、契約の打ち切り、突然の倒産、闘病など、いろいろな人生に触れ、ドラマを観ながら制作にも関わっているような気持ちだ。

というのも私は、外資系企業に勤めていた頃にリストラを体験し、周囲を

見渡せば早期退職を選択した先輩や同僚、家族がいる。先行き不透明な時代（アメリカには、VUCCA[*1]という略語がある）を生きる仲間として、来談者の人生サバイブに肩入れしているのかもしれない。

彼らに伝えるのは2つ。1つは、現在までの経験と目標（例えば応募先）との間の接点を上手に見つけること。もう1つは、読み手に共感される応募書類にすること。貢献できるというだけで選ばれるのではなく、共感されるから選ばれるのだと、AKB48の総選挙を引き合いに伝えている。同情されたいわけでないので涙は不要だが、共感されるには物語性が必要だ。

②ナラティブ／社会構成主義キャリア・カウンセリングの有効性

来談者は、キャリアにおいて予期せぬ転機が起きた人ばかりではない。新卒から20年以上、同じ会社で就業中の人もいて、「世間知らずと思うかもしれないけれど、取引先に赴くことが多く、世の中を知っている」などとおっしゃる。傍目には順調に見える経歴にも物語があるのだ。

来談者の物語にはライフラインチャートを活用してきたが、他者との関わりや、社会的な状況（例えば、担当ビジネスが不況だった）を聴きづらい、話しづらいと感じていた。そんなときに、社会構成主義の手法に出会った。ライフラインチャートを平面図に喩えるなら、社会構成主義の手法は、その平面図からピックアップした数ヵ所を3D図のように、2人で一緒に掘り下げることができた。

先述の就業中の人は学生時代の経験を語り、開拓者のような自分を再確認した。その後、社内に新たに設けられる技術部門で、専門職としてやっていくことを決意したそうだ。物語により自己肯定感を得て、理想の未来を実現させるリソースを得たのだろう。

---

*1 「VUCCA」とは、変化しやすく（Volatile）、把握できず（Uncertain）、混沌とし（Chaotic）、複雑で（Complex）、多義的な（Ambiguous）という5つの言葉の接頭語を合わせた略語である。現在の社会状況がきわめて予測困難な状況に直面しているという事態認識を表す「VUCA」にJohn Van Maanen（ジョン・ヴァン・マーネン）教授が「混沌とし（Chaotic）」という言葉を追加したもの。John Van Maanen教授は、我々がすでにブッカ・ワールド（VUCCA World）と呼ばれる世界の住人なのだと述べている。

③今後の展開

　キャリア・コンサルティングは相手の主訴や課題により、用いる理論や手法を変える折衷主義だ。だからこそ理論や手法を超えて、互いに活用する方法を話し合える、経験を共有し合える勉強会があると良いのではないか。一度機会を逃しても次に参加する機会があるように、同一内容の勉強会が複数回開催されたら、さらに嬉しい。

(6) 関東と関西の学習コミュニティに参加している早川和彦氏の実践

　私は技術職として中小企業2社と外資系大企業とで働いた経験がある。都内にある最初の中小企業で働きだしたとき、人の持ってる能力の向き不向きなど考えることもなく、自分ができることを精一杯行っていった。それが実ってか、外資大手に転職。そこで出会う人たちの学歴はさすがに素晴らしい。しかし本来の技術開発となると、なんで理系を選択したのだと思うような人がいることに疑問を持つようになった。中には自信喪失して、うつになってしまう人もいる。

　そんな人と話をしていると、勉強ができたから、つぶしが利くから、という積極的な選択でない二次的な動機で選んでいることが多いことに気がついた。そして、大学時代の学びで、すでに自分は技術系に向いていないと思うけれど、せっかく勉強してきたのだからと就職時も技術職を選ぶケースが多い。そんな自分の得意でない分野で勝負してしまう不幸を、もっと早い段階で避けるようにできないかと感じていたときにキャリアコンサルタントという資格があることを知った。慎重に調べて行動するのが常であった私が、あまりにもピンときたので、聞いた当日にもう申し込みを済ませてしまっていた。

　キャリア・カウンセリングの勉強を進めていき、ロールプレイを行っていく中で、それまで自分は人の話をよく聞くと自覚をし、周りからも話を聞いてくれると言われ自信を持っていたが、いかに人の話を聞いていないかを身に染みて思うようになった。そんなとき、実技試験用にあるトレーナーの方と、派遣社員の方が正社員に誘われているというテーマのロールプレイをや

った。そのとき「あなたは、派遣社員より正社員のほうが良いものだと思っているでしょう？」と言われたとき、まさに雷が落ちたような衝撃に打たれてしまった。自分はフェアな考え方、感じ方をできる人だと思っていたものが完全に崩れ去った。そうか、人それぞれの持っている社会観・価値観はこうも違うのかという思いが、その後に出会う社会構成主義に繋がっていく。

　当初は社会構成主義という難解な言葉と、サビカスの読みにくい文体にずいぶんと惑わされてしまった。しかし、各々の持っている社会観とか感じ方は、自分で解釈した土台の上に成り立っている。だから、その土台を土台の上からではなくて少し離れて眺めたらどう見えるのか。その「離れて眺める」ことで、自分の持つ社会観を作り直すことができる。そういうことなのだろうと今は理解するに至った。

　そんな社会構成主義がキャリア・カウンセリングに有効だと感じるのは、クライエントを前にしてサビカスが言ういくつかのキーフレーズよりも、そのクライエントの捉え方を別の視点で見てみるという考え方そのものであるように思う。なぜそんなに自信をなくしているのか、対等な立場というより、むしろ第三者的な立場で客観視することによって、クライエントの構成された社会が見えてくる。もちろん、そんな落ち込んだクライエントから話を引き出していくには、傾聴スキルが前提にあるのは言うまでもない。その基本スキルを裏づけとしながら、クライエントが自分の土台に気づけるようにカウンセリングを進める。その際に、有効な投げかけとしてサビカスの言うキーフレーズは有効だと思う。ただ、それらのキーフレーズだけでは深まらないことがあるのも感じている。

　そんな感じを持っているときに体験したのが、JCDAの「金の糸」。面白いツールであるが、その対象年齢は年配者にまで広げられるものではないことも同時に感じた。そこで、私的な大人版「金の糸」作成グループに顔を出すことになり、自分を構成しているものに気づくキーフレーズを探し出していった。最終的に27のキーフレーズに絞り込み、それをカード形式にし、1人ずつ引いたカードからはじまる自分語りは、何年も付き合いのある仲間同士でも

新たな発見があり、まさにこれこそナラティブの世界に引き込む格好のツールだと思っている。そこで出てきたことを最後は紙に書き上げるようにしているが、社会構成主義手法の面白いところは、システムセオリーフレームワークをはじめ、アクティブエンゲージメントといい、ソリューションフォーカストアプローチといい、クライエントの心の中を可視化していくのに非常に便利なツールだという気がする。

今後はクライエントの今まで描いていた世界観の図、そしてこれから描いてみたい世界観の図というように、クライエントが可視化できるような使い方ができるともっとわかりやすく浸透するのではないかと思っている。

(7) 最近学習コミュニティに参加している高原真美氏の実践
①私のキャリア・カウンセリングスタイルの原点

第1子出産を機に、大学を卒業してすぐに入社した会社を退社した。その後13年ほどの専業主婦の期間を経て、再就職を目指した。専業主婦も嫌いではなかったが、「○○ちゃんのお母さん」としか呼んでもらえない状況を何とかしたかったのである。しかし、10年以上のブランク、2人の子持ちの身で、再就職はとても厳しかった。直近の職務経験がないということで、派遣会社への登録さえも認められない。藁にもすがる思いで、自治体が主催する再就職を目指す人向けのセミナーに参加してみた。詳しい内容は忘れてしまったが、職務経歴書を作成するにも10年以上アルバイトの経験もなく、手が止まってしまった。見かねた講師が声をかけてくれ、「専業主婦といっても何もしていないということはないですよ」「力を入れてきたことが、何かあるはず」。そう言いながら丁寧に話を聞いてくれた。子どもの小学校での絵本の読み聞かせ会を主宰し、保護者有志で授業をしているという話になったとき、「ぜひ、その経験を職務経歴書に書きましょう」と強く勧められ、自己PRのめどが立った。

そうして、再就職活動のための職務経歴書が完成した。正直、そのような経験を職務経歴書に記載してよいものかとも思ったが、これが再就職のきっか

けとなった。専業主婦も立派なキャリア、と背中を押していただいた。そのことで、それまで専業主婦としての自分の経験にまったく自信が持てずにいたが、「何だ、こんなことでもアピールしていいのか」と思えるようになった。面接でも自分らしく話せるようになった。この経験が、現在の私のキャリア・カウンセリングのスタイルの原点ではないかと思う。

② 社会構成主義キャリア・カウンセリングとの出会い

その後、キャリアコンサルタントの資格を取得し、民間企業と公的機関であわせて11年ほど、キャリアコンサルタントとして若年者向けの職業紹介を担当してきた。フリーターや大学生の就職相談を延べ5,000件以上行ってきたが、キャリア・カウンセリングをスタートした当初から、それまで学んだキャリア・カウンセリングに関する理論やアセスメントはあまり現実的でないと感じていた。

求職者が社会人経験もなく、職業理解もあまり進んでいない場合、例えば、興味を調べるようなアセスメントはあまり意味をなさないように思う。自分の特徴をほんの少し理解できたとしても、それはかなり一面的であるし、そもそも個々がイメージする職業像自体が間違っている場合もある。アセスメントの結果に頼りすぎると、かえって求職者はとまどってしまう。だからこそ、理論より実践、そういう思いで業務に取り組んできた。日々の面談やセミナーを通じ、求職者のこれまでの経験を丁寧にヒアリングして掘り起こし、求職者自身が整理し前向きに自分を認めることができるように、その経験がどのような仕事に生かせるか理解できるように、との思いで（かなり我流ではあるが）努力してきた。

就職活動は長引けば長引くほど辛い。なるべく早いうちに良い結果を得るためにも、ある意味効率的に自己理解や職業理解を行っていくことが大切である。そのために、どんなツールがあればよいか、どんな仕掛けがあればよいか考え工夫し、仲間とともに現場で実践を積み重ねてきた。

これまで自分が流されるように実践してきたことの裏づけとして、カウン

セリング理論を一度きちんと学び直したいと常々考えていたが、学びたいと思うものが見つけられなかった。どうしたものかと思っていたところ、ごく最近、SNSを通じて研究会の存在を知った。それがきっかけで『社会構成主義キャリア・カウンセリングの理論と実践』を知り、(まだきちんと理解しきれていない部分も大いにあるかと思うが、恐れずに言うと)これこそが、自分がキャリアコンサルタントとしてこれまで実践してきたことを裏づけてくれる理論なのではないかと直感した。

　③今後の展開
　実は、恥ずかしながら、私は研究会に参加するまで社会構成主義理論についてほとんど知らなかった。キャリアコンサルタントの資格取得から10年以上経ち、その間、研修や勉強会など、自分なりに努力していたつもりではあったが、得られた情報や知識に偏りがあった。長年経験を積んできた他のキャリアコンサルタントも、多くは似たような状況に陥っているのではないか。
　私自身、まだ理解しきれていない点が多いので、まずは理論をしっかり学ぶ必要がある。そして、理論を踏まえてこれまでを振り返り、またそれを現場で実践し、仲間と共有していきたい。同じ職場の仲間はもちろん、さまざまな機会にいろいろな立場の方々とお互いが実践したことを共有していくことで、新たな視点が加わり、さらに活用の輪が広がると思う。

4. おわりに

　現在、筆者は職業能力開発総合大学校(職業大)というところで、指導員養成課程という課程を担当している。指導員養成課程は、独立行政法人や都道府県、民間教育訓練機関、および企業に職業訓練指導員候補として採用された工科系大学卒業者に対して、職業訓練指導員に必要な能力を養成するための課程である。職業訓練指導員は、単に職業訓練を行うのではなく、地域の人材ニーズに基づく職業訓練計画策定、訓練指導、就職支援等、訓練内容の評価、

改善などを一連の流れとするPDCAサイクルによる職業訓練コースの運営ができる能力が必要となる。指導員養成訓練では、①職業能力開発指導力、②訓練コーディネート力、③キャリア・コンサルティング力、④問題発見解決力、⑤マネジメント力、⑥イノベーション力、⑦技能・技術力の7つの能力を養成している。

　職業訓練指導員がキャリア・コンサルティング能力を高めることができれば、働いている人やこれから働こうとする人が職業人生を歩む上で、自身の価値を高められるようになる支援ができると筆者は考える。しかしながら、人々が自分のキャリアの方向を見直し、自身にとって、どのような職業教育が有効かを考えられるようにする、キャリア支援方法に関する研究は始まったばかりである。これまでの経験から、社会構成主義手法を学習の場にうまく取り入れることができれば、職業訓練指導員が無自覚のうちに積み重ねた経験がもつ潜在力を引き出すことが可能になる。キャリアコンサルタント向けの学習コミュニティでの実践を踏まえて、指導員養成訓練の場に、よりよい学習の場を作っていけたらと考えている。

参考文献
浅野浩美 (2014)「基調講演　わが国のキャリア・コンサルティング施策の現状と課題」『ビジネス・レーバー・トレンド』2014年3月号.
特定非営利活動法人キャリア・コンサルティング協議会 (2014)「標準レベル都道府県別キャリア・コンサルタント等　有資格者数」(http://new.career-cc.org/library/download/hyoujun20140331.pdf).
経済産業省 (2006)「社会人基礎力に関する研究会──「中間とりまとめ」」.
厚生労働省『「キャリアコンサルタント」について』(http://www.mhlw.go.jp/stf/seisakunitsuite/bunya/0000104890.html).
厚生労働省 (2010)「医師・歯科医師・薬剤師調査の概況」.
厚生労働省 (2010)「キャリア・コンサルティングに関する実態調査結果報告書」.
松尾睦 (2006)『経験からの学習──プロフェッショナルへの成長プロセス』同文舘出版.
McMahon, M., & Patton, W. (2006) *CAREER CONSELLING—Constructivist Approaches*. Routledge.
溝上慎一 (2014)『アクティブラーニングと教授学習パラダイムの転換』東信堂.
文部科学省 (2008)「学士課程教育の構築に向けて」(中央教育審議会答申).
文部科学省 (2011)「今後の学校におけるキャリア教育・職業教育の在り方について」(中央教育審議会答申).

文部科学省 (2013) 「インターンシップの普及及び質的充実のための推進方策について　意見のとりまとめ」.
中原淳, 金井壽宏 (2009)『リフレクティブ・マネジャー――一流はつねに内省する』光文社.
レイヴ, J, ウェンガー, E. (著) 佐伯胖 (訳) (1993)『状況に埋め込まれた学習――正統的周辺参加』産業図書.
Savickas, M. L. (2005) The theory and practice of career construction. In Brown, S. D. & Lent, R. W. (Eds) *Career development and counseling: Putting theory and research to work*. Hoboken: John Wiley & Sons, pp. 42-70.
ショーン, D. (著) 佐藤学・秋田喜代美 (訳) (2001)『専門家の知恵――反省的実践家は行為しながら考える』ゆみる出版.
渡部昌平 (編著) (2015)『社会構成主義キャリア・カウンセリングの理論と実践――ナラティブ、質的アセスメントの活用』福村出版.
渡部昌平 (2016)『はじめてのナラティブ／社会構成主義キャリア・カウンセリング――未来志向の新しいカウンセリング論』川島書店.
Wenger, E., McDermott, R. & Snyder, W. M. (2002) *Cultivating communities of practice*. Boston: Harvard Business School Press. (野村恭彦 (監修) 櫻井祐子 (訳) (2002)『コミュニティ・オブ・プラクティス――ナレッジ社会の新たな知識形態の実践』翔泳社)

編著者・著者略歴

【編著者】

渡部 昌平（わたなべ・しょうへい）

　秋田県立大学総合科学教育研究センター准教授。国際基督教大学教養学部教育学科卒業（心理学専攻）、明星大学大学院人文学研究科心理学専攻修了、修士（心理学）。1996年労働省（当時）入省。札幌公共職業安定所、職業安定局、飯田橋公共職業安定所、職業能力開発局、沖縄労働局等を経て2011年から現職。専門はキャリア・カウンセリング、キャリア教育。主な編著書に『社会構成主義キャリア・カウンセリングの理論と実践──ナラティブ、質的アセスメントの活用』（福村出版、2015）、『はじめてのナラティブ／社会構成主義キャリア・カウンセリング──未来志向の新しいカウンセリング論』（川島書店、2016）。

【著者／執筆順】

髙橋 浩（たかはし・ひろし）

　ユースキャリア研究所代表、日本キャリア開発協会顧問、法政大学および目白大学大学院講師、博士（心理学）。1987年弘前大学教育学部を卒業後、日本電気アイシーマイコンシステム株式会社に入社し、半導体設計、経営企画、キャリア相談に従事。2012年、キャリアカウンセラーとして独立。主な著書に『社会構成主義キャリア・カウンセリングの理論と実践──ナラティブ、質的アセスメントの活用』（共著、福村出版、2015）、『新時代のキャリアコンサルティング──キャリア理論・カウンセリング理論の現在と未来』（共著、労働政策研究・研修機構、2016）。

廣川 進（ひろかわ・すすむ）

　大正大学心理社会学部臨床心理学科教授。慶應義塾大学文学部卒業、大正大学大学院文学研究科博士課程（臨床心理学）修了、博士（文学）。主な著書に『失業のキャリアカウンセリング──再就職支援の現場から』（金剛出版、

2006)、『成人発達臨床心理学ハンドブック――個と関係性からライフサイクルを見る』(共著、ナカニシヤ出版、2010)、『統合的心理臨床への招待』(共編著、ミネルヴァ書房、2007)、『働く人びとのこころとケア――介護職・対人援助職のための心理学』(共著、遠見書房、2014)。

松本 桂樹(まつもと・けいき)
　株式会社ジャパンEAPシステムズ代表取締役社長。東京学芸大学大学院教育学研究科心理臨床講座修了、修士(教育学)。医療法人社団翠会慈友クリニックを経て現職。現在もEAPコンサルタントとして、特に人事労務担当者及び管理職からの相談を数多く受けている。臨床心理士、1級キャリアコンサルティング技能士、精神保健福祉士、シニア産業カウンセラー。

大原 良夫(おおはら・よしお)
　特定非営利活動法人日本キャリア開発協会理事および研究員。日本大学大学院文学研究科修士課程(心理学)修了。株式会社日本マンパワーにて「キャリアカウンセラー養成講座」の開発等に従事、取締役を経て2013年から現職。専門分野はキャリア開発、キャリアカウンセリング及び性格心理学。主な著書に『キャリアカウンセラー養成講座テキスト』(編著、日本マンパワー、2010)。

新目 真紀(あらめ・まき)
　職業能力開発総合大学校能力開発院能力開発応用系准教授。早稲田大学大学院国際情報通信研究科修了。博士(工学)。2006年、青山学院大学総合研究所客員研究員を経て、2011年より青山学院大学ヒューマン・イノベーション研究センター客員研究員。2015年から現職。専門は教育工学、社会工学。各種キャリア系学会会員。主な著書に『社会構成主義キャリア・カウンセリングの理論と実践――ナラティブ、質的アセスメントの活用』(共著、福村出版、2015)、『新時代のキャリアコンサルティング――キャリア理論・カウンセリング理論の現在と未来』(共著、労働政策研究・研修機構、2016)。

実践家のための
ナラティブ／社会構成主義キャリア・カウンセリング

クライエントとともに〈望ましい状況〉を構築する技法

2017年 5月15日　初版第1刷発行

編著者	渡部 昌平
発行者	石井 昭男
発行所	福村出版株式会社
	〒113-0034　東京都文京区湯島2-14-11
	電話　03-5812-9702／ファクス　03-5812-9705
	http://www.fukumura.co.jp
装　丁	臼井 弘志(公和図書デザイン室)
印　刷	モリモト印刷株式会社
製　本	協栄製本株式会社

© 2017 Shohei Watanabe
Printed in Japan
ISBN978-4-571-24061-4

定価はカバーに表示してあります。
落丁本・乱丁本はお取り替えいたします。

福村出版◆好評図書

渡部昌平 編著
社会構成主義
キャリア・カウンセリングの理論と実践
●ナラティブ,質的アセスメントの活用
◎3,200円　　ISBN978-4-571-24056-0　C3011

社会構成主義キャリア・カウンセリングとナラティブ,またそれらを背景とした質的アセスメントを多面的に詳解。

M. L. サビカス 著／日本キャリア開発研究センター 監訳／乙須敏紀 訳
サビカス キャリア・カウンセリング理論
●〈自己構成〉によるライフデザインアプローチ
◎2,800円　　ISBN978-4-571-24055-3　C3011

キャリア構成理論の旗手,サビカス初の邦訳。クライエントの人生物語を再構成し,最適な職業選択へと導く。

S. S. ハンセン 著／平木典子・今野能志・平 和俊・横山哲夫 監訳／乙須敏紀 訳
キャリア開発と
統合的ライフ・プランニング
●不確実な今を生きる6つの重要課題
◎5,000円　　ISBN978-4-571-24050-8　C3011

グローバルな変化のなかで,人生というキャリアを追求しているキャリア支援の専門家,実践者,研究者に贈る。

M. R. ゴールドフリード 編／岩壁 茂・平木典子・福島哲夫・野末武義・中釜洋子 監訳／門脇陽子・森田由美 訳
変 容 す る 臨 床 家
●現代アメリカを代表するセラピスト16人が語る心理療法統合へのアプローチ
◎5,000円　　ISBN978-4-571-24052-2　C3011

著名なセラピストが語る個人史と心理療法統合への変容の軌跡。現代アメリカの心理療法の流れがみえてくる。

J. A. コトラー・J. カールソン 編著／岩壁 茂 監訳
ダイニングテーブルのミイラ
セラピストが語る奇妙な臨床事例
●セラピストはクライエントから何を学ぶのか
◎3,500円　　ISBN978-4-571-24046-1　C3011

信じられない話,奇怪な話,おかしい話,怖い話,心温まる話……,著名なセラピストが経験した印象的な臨床事例。

E. W. マコーミック 著／古川 聡 訳
認知分析療法(CAT)による
自己変革のためのマインドフルネス
●あなたはなぜ「わな」や「ジレンマ」にはまってしまうのか?
◎4,500円　　ISBN978-4-571-24058-4　C3011

後ろ向き志向の人生に苛まれる人が「自分を変える」ための「気づき」を視覚的に理解する認知分析療法の実践。

M. ロシター・M. C. クラーク 編
立田慶裕・岩崎久美子・金藤ふゆ子・佐藤智子・荻野亮吾 訳
成人のナラティヴ学習
●人生の可能性を開くアプローチ
◎2,600円　　ISBN978-4-571-10162-5　C3037

人は,なぜ,どのように,語ることを通して学ぶのか。ナラティヴが持つ教育的な意義と実践を明快に説く。

◎価格は本体価格です。